読むだけで元気が出る100の言葉

Testosterone
テストステロン

きずな出版

はじめに

おう、お疲れ。俺だ。Testosterone《テストステロン》だ。いきなりだけど、あなたに言いたいことがある。

おめでとう！
あなたは大丈夫だ！
何も心配いらない！

近い将来、あなたは「なんでこんな本が読みたいと思ったんだっけ？」と思うぐらいメッチャ元気になっていると予言しよう！

たとえ今どんな状況にあろうとも最終的にはすべてうまくいくし、明日は今日よりも良くなるし、素敵な未来があなたを待ってる！　本当におめでとう！

……「この本の著者はいきなり何を言い出すんだ……」と思うかもしれないが、俺は大マジだ。**この本を手に取り「はじめに」を読んでいる時点で、あなたが元気になることはほぼ確定している。**

物事は始めるときが一番大変である。最初の一歩には、全体の半分まで進んだと考えてもいいぐらいの価値がある。そして、あなたがこの本を手に取り「はじめに」を読んでいる時点で、あなたは既にその最初の一歩を踏み出し終えている。「元気になりたい」という意志と、「元気になるために何か良い方法を探す」という行動を起こしているあなたは、必ず元気になる。**ぶっちゃけた話、この本を読まなくても、あなたはなんらかの方法で元気になるであろう。**なんてったって、もう半分は終わっているのだから。あなたは自分で思っているよりもはるかに強くて行動力があるのだ。元気になるための種は既にあなたの中に存在しているのだ。この本を購入して読んでくれるあなたも、〝はじめに〟だけ読んで「やっぱ買うのやーめた」と思っているあなたも、100％元気になれるから安心してほしい。

何度でも言おう。

「元気になるための種は既にあなたの中に存在していて、この本がなくてもあなたは間違いなく元気になれる。この本は無限にある選択肢の1つに過ぎない」

とは言え！ ですよ。

とは言うもののね、人生には「今マジで辛《つら》いから元気になれる言葉ちょうだい……励《はげ》まして……」ってときがあるじゃないですか？　俺にもあるのでわかります。

それで、そういうときに出逢った言葉のお蔭《かげ》で気持ちがラクになって前向きに生きる気力が湧いたり、新しい考え方に触れることで視界が良好になったりすることってあるじゃないですか？　この本は、そんな言葉や考え方をあなたに届けたい一心で書きました。

で、俺だけじゃないと思うんですけど、疲れてるときや心が弱ってるときって長い文章を読むのツラいじゃないですか？　たとえそれがどんなに正しくてもちょっと厳しめのこと言われると苦しいじゃないですか？　なので、**この本では元気の出る言葉や考え方をただひたすらシンプルにわかりやすく短く（重要！）、そして正しかろうがなんだろうが厳しめな内容は徹底**

的に排除して（超重要!!）、１００項目にして書き上げました。

普通こういう本って、「読むだけじゃ意味がない！　行動に移せ！」的なことを言うのがセオリーだと思うんですけど、この本の場合は読んで、元気になったり気が楽になったりして、まあ、ぼちぼち気楽にやっていくかーって思ってもらえたらそれで十分です。そりゃ、いつも前進できたらいいけど、人生にはとりあえず雨風さえ凌《しの》げりゃそれで１００点満点ってときもあります。

あまりゴチャゴチャ言っても疲れるだけだと思うので、「はじめに」もこの辺にしておきます。肩の力抜いて気楽にいきましょう。

Ｔｅｓｔｏｓｔｅｒｏｎｅ

CONTENTS

CONTENTS

CONTENTS

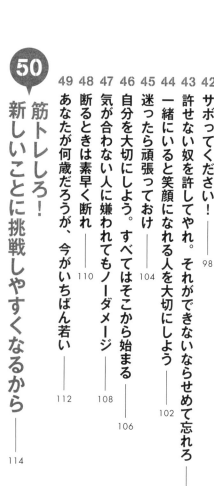

CONTENTS

CONTENTS

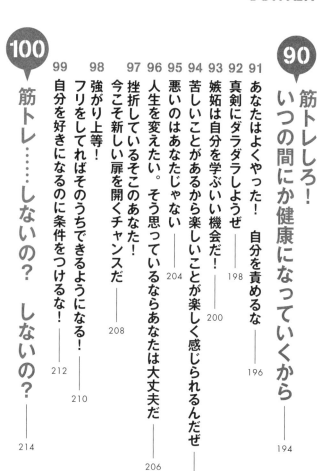

装丁　金井久幸［ツー・スリー］
本文DTP　ツー・スリー
イラスト　福島モンタ

1

心配すんな！
なんとかなる！

「もうダメ……」ってなってるそこのあなた！　心配すんな！　なんとかなる！　自分の人生を振り返ってみて！　あなたが何歳か知らないけど、大なり小なり様々な問題を乗り越えてきたからあなたは今こうして生きてるしこの本を読めてるんでしょ！　しかも、大変な中でも苦境を乗り越えたくてこの本を買って読むっていう行動まで起こしてるんだからあなたはメチャクチャ行動力があって意志力の強いタフな人だよ！　**自分じゃ気付いてないかもしれないけど、あなたはサバイバーなんだぜ！　もっと自信を持とう！**　これまでと同じように今回だってあなたは余裕でなんとかするよ！

どうせね、どれだけあなたが抵抗しようとね、何年後かには今を振り返って「あんときは大変だったなー（笑）」なんて言って笑える日がきちゃうんだよ。人生ってそういうもんだから。決まってんの。だから、無駄な抵抗はやめて肩の力を抜いて気楽にいこう！　どっかの偉い人もあなたを殺さないすべてのものはあなたを強くする養分に過ぎないって言ってたでしょ！

ということで、なんとかならなくてもそれはそれでなんとかなるし、**もう、とにかくメチャメチャなんとかなるから安心してどっしり構えていようぜ！**　俺を信じろ！　未来は明るい！　超明るい！

2

世間のムードは気にせず幸せを追求しよう

世間の暗いムードに引っ張られてあなたまで落ち込んでしまわないように気を付けてね。人間って普段、自己防衛の為に他者に共感する半径を無意識に小さく保ってるんだけど、この半径を広げすぎるとどうなっちゃうかと言うと、アフリカで飢《う》えている子どもに同情して食事が喉を通らなくなったり、自分だけ幸せに過ごすのは間違っているのではないかという気分になりメッチャ落ち込みます。世間が暗いムードだと自分の気分まで暗くなってしまうのは、あなたの半径の中で悲しい出来事が多く起こって共感してしまっているからなのです。

そこで提案があります。**自分に余裕がないときは、普段無意識に短く保っている共感の半径の長さを意識的に更に短くしましょう。**思いやりを捨てろという話ではありません。余裕がないときは自己防衛の為に自分ができることだけに集中して、コントロールできないこと（他人や悲しいニュース）にまで思考を巡《めぐ》らせるのは一旦ストップしましょうという提案です。他者の痛みに思いを巡らせ共感できる人は素敵です。でも、自分が大変なときに他者の問題にまで苦しめられたら精神が病《や》んでしまいます。そういうときは自分が幸せでいることに全集中しましょう。幸せなオーラは伝染するので、そうすることがあなたの周囲の人たちの幸せにも繋《つな》がります。

幸せでいてね。今幸せじゃない人は絶対に幸せになろうね。

3

適度な責任感で気楽に生きよう！

責任感が強すぎると自分を犠牲にしてしまったり、無理してしまったりするので気を付けてね。覚えておいてほしいんだけど、**あなたが負っている最大の責任は自分の健康と尊厳を守り抜いて楽しく生きることだよ**。それらは何があろうと守り抜くのが自分自身に対する責任だ。

たとえば、「お前がいなくなったらみんな困ると言われてなかなか会社を辞められません。もう限界です……」といった感じの相談をよく受けるんだけど、俺に言わせたらこの人は責任感強すぎ&優しすぎだ。自分の健康と尊厳を守るという責任をないがしろにして会社や同僚を優先したらダメだと思うんだ。そもそも、社員が一人や二人いなくなっても会社が回る体制を整えるのは会社の責任だ。よって、この人は責任を感じることなく最低限の引き継ぎ作業だけ済ませてさっさと辞めたらいい。

読者の皆さんの中にも、ときには自分を犠牲にしてでも周りを優先する心優しい人がいると思う。**その姿勢は素敵だ**。**尊敬しかない**。だが、もっと自分を優先することを覚えないとこの先ずっと苦労するし、世の中にはそういう善人を利用して自分が得をしようとする悪人もいるから搾取《さくしゅ》だってされるだろう。そんなの悲しいじゃん。**俺、あなたたちみたいな責任感があって優しい人が幸せになれない世の中なんて嫌なんだよ**。だからさ、責任感は適度に持って自分ファーストでハッピーな人生を送ろうよ。

4

苦しいときこそ、明るく元気にいこう

みんなの心に刻み込んでおいてほしい言葉が1つある。それは、〝希望〟という言葉だ。覚えておいてほしい。人の心が折れるのは辛く苦しいときじゃない。希望を失ったときだ。希望さえあればどんな困難も乗り越えられるが、希望を失えば心は折れる。**休んだっていい。逃げたっていい。泣いたっていいしグチったっていい。だが、自分の人生はこれからきっと良くなるという希望だけは絶対に捨てないで。**

希望を持って生きてさえいれば必ず良いことがあると保証する。前向きに生きていれば幸せを感じられるときが絶対に来ると約束する。だから、絶望してしまうような状況でも希望だけは捨てないでくれ。やまない雨はないと信じてくれ。トンネルには必ず出口があると信じてくれ。すべての苦境には終わりがあり、苦境が終われば喜びや幸せが待っている。理屈じゃない。なんか知らんけど人生はそういう風にできている。希望とは苦境を抜け出し幸せの国へ入るためのチケットみたいなもんだ。

希望を抱こう。幸せになろう。苦境のときこそ意識的に明るく元気にいこう。

さて、希望を抱く覚悟は決まったかな？　おめでとう！　希望を抱く覚悟を決めた瞬間に人生は好転する！　明日は今日よりちょっぴりいい日になるぜ！　あなたの人生はこっからどんどん良くなっていく！　やったね！

5

世界は広い。あなたを必要としてくれる場所は必ずある

今いる場所が合わないと感じるならなるべく早く別の場所に移ろうね。「逃げるな」「他では通用しない」とか言ってあなたを引き留めようとしてくる人がいるだろうけど無視でいいからね。**逃げるんじゃない。違う方向に進むんだよ。**通用しないってのもただの脅《おど》しだ。世界は広い。あなたを必要としてくれる場所は必ずある。見つかるまでは辛いかもしれないけど、見つかるまで動き続けよう。

「自分には合う場所なんてないから」とあきらめて今の場所に留まらないでね。そういう場所に留まっていると自分には価値がない様に思えてきて自尊心が壊れちゃうよ。必要とされていない感覚、正当な評価をされていない感覚って心にとって想像以上の大ダメージなんだ。自尊心が弱まると「この場所はおかしいな。離れよう」というポジティブな思考ができなくなり、「自分はなんてダメなのだろう。この場所から抜けたらもうどこにも所属できないな」というネガティブな思考になってしまう。このネガティブな思考にさせるの、ブラック企業の常套《じょうとう》手段だからね。

断言するけど、あなたはダメじゃないし、あなたを必要としてくれる組織は必ずあるから勇気を持って一歩踏み出そうね。合う組織を見つけて、必要とされる感覚、正当な評価をされる感覚を取り戻したらあなたの心は一気に回復して人生が超楽しくなるよ！　人生は短い！　迷ってる暇《ひま》はねえ！　動こう！

6

絶望には終わりがあり、未来は超明るい

「運命の人だ！」と思える人にフラれても大丈夫だし、「これに人生を賭《か》けたい！」と思うことができなくなっても大丈夫です。楽勝です。悲劇的なことが起こった直後は「もう生きてる意味なんてない」とか「人生オワッタ」とか思って絶望するかもしれないけど、**世界はメチャ広いし人生はメチャメチャ長いので、前向きに生きていればまた必ずもっと素敵な人に、もっと夢中になれるものに出逢えます。保証します。**

冷静になって人生を振り返ってみてよ。「この人が運命の人だ！」っていう思いも、「これに人生を賭けたい！」っていう思いも何回か更新されてない？　子どものときに言ってた、「大きくなったら◯◯と結婚する」とか「将来は◯◯になりたい」とか、◯◯の中に入る名詞が変わり続けているでしょう？　だから今回だって大丈夫だよ。さっきも人生はメチャメチャ長いって言ったけど、人生にはたくさんのステージがあって、前向きに生きていればそれぞれのステージでそのときのあなたに一番合った運命の人やことが用意されているから。

ということで、**あなたは大丈夫だ！　たとえ今どんなに絶望していようとも心配ない！　未来は超明るい！**　そういう運命なので黙って受け入れてください！　よろしくお願い申し上げます！

7

やりたいことは、今すぐやれ

やりたいことがあるなら今すぐやっておこう！　「仕事が落ち着いたら」とか「お金が貯まったら」とか、行動を先延ばしにしないこと！　先延ばしにするとやれずに終わって後悔するぞ！　「あのときあれやっとけばなー」「自分はホントはこんなもんじゃない」とか思いながら生きていくことになるぞ！　人間はやって後悔することなんてほとんどないが、やらなかった後悔はいつまでも心の中に残り続けるからマジで気を付けてくれよな！

そもそも、やりたいことがあるって最高に幸せなことなんだよ。多くの人はやりたいことがわからなかったりなかったりして、なんとなく人生を生きてる。特にそれは年齢を重ねるほど如実で、年齢を重ねると好奇心が薄れていってしまう。知識ばかりついてなんでも想像がついちゃうから若いときほど「やりたいなー」って思うことがなくなってくるんだ。だからね、やりたいことはやりたいうちにやっておこう。**やりたいことをやりたいときにやる。**これ以上の贅沢はないよ。

いいですかみなさん！　ベストタイミングなんてもんはいくら待っても訪れません！　というか、人生は進めば進むほど責任やしがらみが増えるゲームなので、強いて言うなら**やりたいと思ったその瞬間こそがベストタイミングです！**　人生いつだって今が一番若くて好奇心旺盛《おうせい》で感受性豊かで元気なんですよ！　やりましょう！　ナウ！

8

孤独ってのは、自由ってことだ

孤独が怖い人はよーく覚えておいて。孤独と自由はセットだよ。そして、自由は最高だ。好きなことを好きなときに好きなだけできる上に煩《わずらわ》しい人間関係もない。自由は地球上に存在する最高の快楽の1つだ。孤独の悪い面ばかり見ていたら自由という良い面を見逃してしまう。**あなたの意識次第で同じ状況が孤独という悲しいものにも、自由というイカしたものにもなる。**せっかくだから自由であろうぜ。

日本って友人は多ければ多いほど良いみたいな風潮あるじゃん？　1人でいる人は寂《さび》しくてかわいそうな人だみたいな。俺はね、その風潮には反対で、孤独な時間も友人と過ごす時間と同じぐらい尊《とうと》くて大切な時間だと思ってるんだ。**そこで大切になってくるのが一人でも楽しめる技術。**一人の時間を楽しむことができれば孤独が怖くなくなるし、ストレス発散にもなるし、孤独が怖くなくなれば友人の数はたいして重要じゃなくなるから他人の目を過剰に気にして生きなくて済むようになり人生が充実する。

しかも、この技術は疎遠《そえん》になる可能性のある友人と違って死ぬまで使える一生モノの技術だ。学ばないともったいないと思わない？　読書にNetflix、勉強に創作活動、孤独と相性の良いアクティビティは無限にある！　おひとり様スキルを身につけて孤独とお友達になろう！　**孤独？おめでとう！　最高じゃん！　楽しもうぜ！**

P.S.　有言実行のTestosteroneは週末の99%をおひとり様で過ごしています。

9

あなたが幸せなら、それでいいんだよ

もし、あなたがいま幸せなら他人になんと言われようともその幸せを守り抜いてほしい。もし、あなたがいま自分なりの幸せを追っているのなら他人の発言に惑《まど》わされることなくあなたなりの幸せを追い続けてほしい。

「幸せってなんだろう？」と誰しもが思う。ハッキリ言う。幸せの形は一人ひとり違うから全人類に共通する答えはない。そして、答えがないからこそ自信が持てず、多くの人は自分の気持ちよりも世間で定義されている幸せの形を優先してしまう。最大公約数に従っておけば安心するからだ。結婚、子育て、マイホーム、良い大学に入る、正社員になる等々、これらは日本で幸せの王道とされているから、まずはそれらを手に入れようと頑張る。そして、その道から外れると不安になる。そして不幸になる。

俺は思うんだが、**自分の気持ちと向き合わない限り自分の幸福を最大化することはできない。**結婚や子育てが合わない人はいるし、良い大学や正社員以外の生き方も無限にある。そうでしょう？　どうか、皆さんには安易に最大公約数に飛びつく前に、自分の気持ちと向き合ってみてほしい。そして、**他人が何と言おうと自分が幸せならそれでいいってことを覚えておいてほしい。**世間に認められる必要なんて一切ない。あなたはあなたなりの幸せを追えばいい。難しく考えないで。ルールは超シンプル。あなたが幸せならそれでＯＫ。以上です。幸せになってね。

10

筋トレしろ！一番確実に成功体験ができるから

筋トレは努力を絶対に裏切らない。仕事や勝負事は運が絡んでくるので努力が実らないこともあるが、筋トレでは努力すれば必ず成功することができる。人生において成功には運が絡んでくるが、こと筋トレにおいて成功とは選択なのである。

俺は常々《つねづね》「**筋肉は裏切らない**」と言っているが、これはマジだ。筋トレを続けていると、以前は挙がる気配すらなかった重量のバーベルが挙がるようになる。以前は見ることのできなかった腹筋が見えてくる。こういった成長によって、「自分にもできる！」という自信がつく。ハッキリ言って、こんなに短期間で何度も成長を実感できるのなんて赤ちゃん時代と筋トレを始めた最初の数年ぐらいである。

そうして成長を続け、自分の限界を何度も何度も打ち破り、成功体験を重ねていくうちに、**「自分には不可能などない！」という最強のマインドが手に入る。**そのマインドは筋トレのみならず、そのままあなたの人生でも使用可能で、ただ純粋に筋トレを楽しんでいたつもりがいつの間にか人生においても自信満々で様々なことにチャレンジできるようになったり、成果を挙げられるようになったりする。筋トレをすれば人生が変わる所以《ゆえん》である。

11

悩んでいるってことは本気で生きてる証拠だ！

悩み苦しんでるそこのあなた！　**よく頑張ってるな！　偉いぞ！　悩むってことは本気で生きてる証拠だ！**　自分の力で人生を切り拓いてみせるという前向きな意志があるから悩むんだ！　いい加減に生きてる人間は悩んだりしない！　悩むとは本気で生きてる人間にのみ与えられた特権だ！　俺はそんなあなたを誇りに思う！　あなたも自分を誇りに思ってくれ！　**本気で生きてるあなたならどんな問題も乗り越えられる！**　大丈夫だ！　自信持て！

ただね、悩むことで悩みが解決するならいいんだけど、ウジウジ悩んでるだけで悩みが自然と解決することなんてないし、悩んでると時間があっという間に過ぎるし、それだけ時間使っても悩んでる間は何も進まないし、何も進まないくせに悪い想像ばかり膨らんでストレスになるしで、悩んでも良いことなんて1つもないんだ。

だからね、悩んでるあなたは超偉いんだけど、悩んでばかりいないで悩みの解決に繋《つな》がるかもしれない何かしらの行動を起こしてみてほしい。**ここテストに出るので覚えておいてほしいんだけど、悩みの唯一の弱点は行動です。**悩みの大半は脳が創り出している妄想に過ぎないので、悩みは行動には絶対に勝てません。**悩みを打ち消したければ行動あるのみです。**自分がいま悩んでるなと自覚したら秒速で悩むのをやめ即座にアクションを起こす。これができるようになればあなたは無敵です。無敵になりましょう。

12

元気よく挨拶しよう！

おはようございます！　こんにちは！　こんばんは！　テストステロンです！

突然ですが挨拶《あいさつ》するのが苦手なそこのあなた！　ちょっとだけ頑張って挨拶しましょう！

挨拶するだけでお互い気持ちが良いし、仲間意識が生まれて場の雰囲気が良くなるし、何より挨拶しないよりもしたほうがあなたにとってお得です！

なんでお得なのかというと、世の中には「挨拶しない奴はけしからん」と思ってる人の割合が多く、元気よく挨拶するだけでそういった人たちから低評価を受ける可能性を排除できるからです！　あなたの考えはどうあれ、挨拶しない人を目の敵にする層は確実にいて、そのリスクをあなたがちょっと行動するだけで排除できるならやらないと損だと思いませんか？

挨拶を無視されるのが怖くて挨拶できないって人も多いけど、そんなこと気にせず挨拶したらええんやで！　挨拶をするまでがあなたの仕事で、返事するか否かは相手の判断なのであなたが気にすることじゃない！　それに、相手に無視されたとしても周りの人はあなたが元気よく挨拶している姿を見てあなたに好印象を抱き、無視した人を見てその人に悪印象を抱くだけだから何も問題ない！　しかもしかも、**相手の反応にかかわらず元気よく挨拶するという人として正しいことをすれば清々《すがすが》しい気分でいられるしね！**　もう、挨拶しないという選択肢がないね！

13

仕事とプライベートはしっかりわけよう！

皆さん！　突然ですが速報です！　**仕事の悩みや職場であった嫌なことをプライベートに持ち込んでも給料が1円も発生しないという驚愕《きょうがく》の事実が判明しました！**　給料が発生していないのに仕事のことで悩んだり嫌な気分になるとか超もったいないです！　大損です！

仕事の心配は勤務時間中に給料をもらいながらすればいいので、仕事のことや嫌なことは忘れてプライベートでは全力でマッタリしましょう！　**プライベートは絶対に侵略させたらいけない聖域です！**　仕事とプライベート間で不可侵条約《ふかしんじょうやく》を締結《ていけつ》する必要があります！　だって、そうしなかったらあなたの心と体はいつ休むんですか？　いつ人生を楽しむんですか？　そうでしょう!?

仕事のために人生があるんじゃなくて、人生を楽しむために仕事があるんだぜ！

これ、みんなわかっていても真逆の行動を取りがちなのでしっかり心に刻《きざ》んでおいてね！

さあ、不可侵条約をキッチリ守ってメリハリつけてやっていきましょう！

14

間違ったら謝ればいい！シンプルだろ

間違ってしまったら謝ればいい。悪いことをしてしまったら謝ればいい。炎上してしまったら謝ればいい。物事を必要以上に複雑に考える必要なんて一切ないよ。誠実に謝る。謝ると同時に今後の改善策を出す。これに勝《まさ》る対応はない。シンプルでしょ？

人々の慈悲《じひ》の心を甘く見たらダメだよ。心の底から謝ってるのに許してくれない人なんて滅多にいない。もし許してくれない人が多いと感じるなら、それは怒る人は声が大きくて許す人は静かに許すからみんな怒ってるように見えるだけだよ。それか、謝るときにあからさまに態度が悪いとか、謝る前に言い訳を挟んでいるとかね。余計なことは考えず、間違えたら人々の慈悲の心を信じて素直に謝ろう。それが一番効く。保証する。

とはいえ、許してもらえないこともあるだろう。取り返しのつかないことをしてしまった人もいるだろう。そんな人に俺は言いたい。**過去に悪いことをしたからといってあなたがこの先もずっと悪い人間ということにはならない**と。今あなたが罪悪感に悩まされてるならそれこそあなたが悪い人間じゃない証拠だよ。本当に悪い人間は罪悪感なんて抱かない。人間は誰しも過ちを犯す。過去は変えられないから、これからを正しく生きていくしかないんだよ。謝っても許してもらえなくて、それでもずっと反省し続けているなら、そろそろ自分で自分を許してやってもいいと思うよ。

15

ゴチャゴチャ考えるな！幸せになれ！

驚かないで聞いてほしいんだけど、なんと、**余計なことはゴチャゴチャ考えないで幸せになることだけに集中すればその過程ですべてのことが勝手に解決します！** お世話になった人への最大の恩返しはあなたが幸せになることだし、許せない奴への究極の復讐《ふくしゅう》もまたあなたが幸せになることだし、幸せなら他のどんな細かいことも気にならないし、幸せな人の周りには幸せな人が集まるのであなたの世界はどんどん幸せで満ち溢《あふ》れていくし、幸せな人は能力が高くて成功しやすいことも科学的にわかっています！ **人生の唯一のゴールは「あなた自身の幸せを最大化すること」と言っても過言ではありません！**

真面目《まじめ》な話、人生は生まれてきてしまったら引き返せないゲームなので、楽しまないと絶対に損です。理不尽だけれど、あなたの代わりのご両親が既に賭け金をテーブルに置いてしまった状態から人生は始まっているのです。キャッシュバックは絶対にできません。なので、今この瞬間から幸せに向けて歩き出しましょう。賭け金がもったいないので何が何でも幸せになりましょう。ギャンブラーとして、賭け金を何倍、何十倍、何百倍にもして最後は笑ってテーブルを去りましょう。

俺も頑張るから、あなたたちも絶対に幸せになろうな！

16

挑戦の数を増やせ！

新しいことに挑戦するのは勇気がいる。挑戦しようとすると挑戦したい自分と保守的な自分が会話を始め、保守的な自分が「挑戦なんてやめておけ」「失敗したら辛いぞ？　笑われるぞ？」と挑戦したい自分を説得してくる。挑戦しない理由、できない理由が無限に浮かんでくる。そして、考えれば考えるほど挑戦しないことが正解に思えてくる。

あなたにも心当たりがあるだろうか？　**たとえあったとしても何も恥じることではない。なぜなら、これは人間として普通の反応だからだ。**人間は挑戦や変化を嫌う。安全な領域（コンフォートゾーン）から出てしまえば失敗する確率が跳ね上がるからだ。我々の先祖はそうやって生き残ってきたので、我々の脳にもその思考パターンが残っている。遠い昔、失敗は死に直結することも多かったことを考えれば当然だろう。これは脳のバグと言ってもいい。現代の失敗は死に繋《つな》がらないからそんなに恐れる必要はない。さてどう修正しようか…

突然ですが、そんなあなたにとっておきのメソッドがあります！　逆説的ですが、失敗が怖い人こそ挑戦の数を増やすのです！　たった1回の挑戦に失敗すると思うから怖いのです！挑戦の数を増やせば失敗なんて珍しいものではなくなり失敗1回あたりのダメージは減ります！銃弾1発しかなかったら緊張してなかなか撃てないけど、マシンガン持ってて1発でも当たればOKだと思えば気《き》兼《が》ねなく乱射できるでしょ？　それと同じ原理で、挑戦しまくればいいのです！　さあ、ぶっ放そう！

17

好き、楽しいは才能だ

皆さんに最も簡単な才能の見つけ方を紹介します。**何かが好き、楽しいと思ったらそれがあなたの才能です。**好き、楽しいは夢中に繋がります。そして、夢中は最強の才能です。その何かをしている時間（本来なら努力とよばれる時間）が、大好きな上に楽しくて仕方がないんだから嫌でも上達します。

夢中になってる人は努力を努力とすら感じないから無敵です。夢中は努力を凌駕《りょうが》します。何を好きと感じ、何を楽しいと感じるかは選べません。それは正に才能とよぶにふさわしい感情なのです。何か好きなこと、楽しめることがあるあなたは既に才能を見つけ済みです。おめでとうございます。

こういう話をすると、「好きなことを仕事にできるほど世の中は甘くないぞ」とか言ってくる人がいると思います。僕に言わせたら真逆です。**「好きでもないことを嫌々《いやいや》やって成功できるほど世の中は甘くないぞ」**です。好きなことやりましょう。そっちのが楽しいし、楽しいことは続くし、続くと熟練されて成功できます。いきなり本業にしろとは言いません。まずは趣味として極めて、それから副業にしてみてって感じで段階を踏んでやっていけばいいと思います。とにかく、**好き・楽しいは立派な才能なのでそういう何かに出逢えたら簡単に手放さないでほしいです。**大切にしてほしいです。

18

「自分スゲェー！」って調子に乗ろう

この本を読んでいるあなた！　突然ですが調子に乗ってください！　「調子に乗るのは良くない。謙虚《けんきょ》でいなければいけない」というのが世のスタンダードですが、**安心して調子に乗ってください！　「自分スゲェー！！」と調子に乗って自信を持つのはいいことです！**　自信満々で何事にも果敢《かかん》に挑んでいくのは良いことです！　調子に乗るのは全然問題なくて、他人を見下すのがダメなんです！　調子に乗るのと他人を見下すのをセットでやっちゃうからダメなのであって、調子に乗ること自体は悪いことではないのです！　**他人を見下さずに調子に乗るならいくらでも乗ってOKなのです！**　自分に自信を持つことと他人を見下すことはまったく別の話！　他者への敬意と配慮《はいりょ》を忘れず、思う存分調子に乗っていきましょう！

　もちろん謙虚な姿勢も大切です。でも、「**謙虚であれ＝自分を過大評価して油断したり他者を見下したりするなよ**」という意味であって、「自分なんて……」と自分を過小評価して卑下しろということではありません。それは謙虚ではなく卑屈《ひくつ》です。自信のない人が謙虚になると卑屈になってしまうのです。自信をつける前に謙虚になっていたらそれはただの自分を過小評価している卑屈な人なのです。**謙虚ってのは自信の上位交換。自信がない人は謙虚になったらいけません。**　謙虚になる前に、調子に乗りましょう。謙虚になるのはそれからでいいです。さあ、調子に乗っていきましょう。

19

親切であれ

偉い人にならなくたっていい。有名になる必要もない。大企業や一流とされる大学に所属する必要もないし、世界を変えるようなビジネスに関わっていなくたっていい。

人の痛みがわかり、困っている人がいたら迷わず手を差し伸べることができ、当たり前の日常に感謝を忘れない、些細《ささい》なことにも幸せを感じられて、いつも親切で周りの人をほんのちょっぴり幸せにできる。そういう人を俺は最も尊敬しているし、そういう人になりたいし、みんなにもそういう人を目指してほしい。

親切な人は本当に素敵だ。世間では肩書だとか収入だとかが重視されるが、そんなことで人間の価値が測れるはずがない。親切という指標は世間では評価されにくいので劣等感を抱くこともあるかもしれないが、どうか、親切な心を持つ人は尊敬に値すべき人であり、劣等感を抱く必要など1㎜もない最高に素敵な人だということを心に刻んでおいてほしい。

もし、あなたが親切な人なら、俺から無限大のリスペクトを送らせてくれ。親切な人の周りは平和で幸せが溢《あふ》れている。あなたの存在が世界をより平和で幸せな場所にしているのだ。あなたが今後もその素晴らしい人柄を保ち続け、最高の人生を送れることを心の底から願っている。

20

筋トレしろ！

見た目が変われば
気分が変わり、
気分が変われば
人生が変わるから

人間は単純なもので、体が引き締まったり筋肉がしっかりついてきたりすると、「自分はイケてる！」と自信がつき気分が良くなってくる。カッコいい洋服を着たり、美容院で新しいヘアスタイルにするだけでも自信がつくし気分が良くなって堂々と振《ふ》る舞《ま》えたりするだろう？それと同じだ。

決定的な違いは、**筋トレをして良い体を手に入れて維持できればその自信は半永久的に続き、残りの人生をずっと気分よく過ごせる**ということだ。見た目が良くなれば気分も良くなる。気分が良くなれば人生もうまくいく。単純な話である。

それだけじゃない。筋肉は究極のノンバーバルコミュニケーションとしても機能する。ガタイの良い男性や、一目見てトレーニングをしているとわかる体を持つ女性は、他者に対して良い意味で畏怖の念を抱かせる。「**ストイックな人に違いない**」「**肉体が強いということは精神・性格も強いに違いない**」といったイメージを視覚だけで瞬時に相手に与えることができるのだ。結果、詐欺や嫌がらせ、パワハラやセクハラなど、気の弱い人をターゲットにする災いとは無縁の生活が送れるようになる。

筋肉ちゃんはあなたの人生を最高のものにするラッキーアイテムであり、あなたをトラブルから守ってくれる守護神でもあるのだ。**完璧すぎる……筋トレしない理由がない……**。

21

選択肢がどちらも魅力的ならフィーリングで選んで大丈夫

人生の進路について悩んでいるそこのあなた！　悩むな！　2つの魅力的な選択肢がある場合、どちらを選んでもそう変わらんから最後はフィーリングで選べばいいぞ！　現時点ではどちらを選ぶかなんて重要じゃない！　重要なのは選んだあとあなたがどれだけの覚悟と熱量を持ってその選択と向き合えるかだ！　どちらも同じぐらい優良な選択肢である場合、選択に正解も不正解もなく、選択を正解にするのも不正解にするのも選んだあとのあなた次第だから、心からやりたいと思えるほうを選んでおこう！　フィーリングが合う選択をしておいたほうが覚悟も熱量も持ちやすいから、**自分のフィーリングに素直に従ったほうが選択を正解にできる確率も高いぞ！**　迷わずいけよ！

俺の経験では、悩んでいる人も実は自分が本当はどうしたいかわかってるんだよ。自分が何をしたいのか。どうするべきなのか。人に聞かなくてもみんな心の中で正解わかってるでしょ？それを選択する勇気がないだけだ。

人生の進路を決めるときは人への相談はほどほどにして、夜風にあたりながら自分の心と対話して決めたらいいよ。あなたの人生だ。あなたのフィーリング以上に気にすべき他人の意見など存在しない。勇気を出して素直に心の声を聞いてみな。きっと後悔しない。

22

あきらめること だって大切だ

この世にはどうにもならないことだってある。そういうときはあきらめるのも大切だよ。自分の力ではどうにもならないことで悩んだって仕方がない。

何かに本気で打ち込んでいたり、必死でやっている人ほど「ここであきらめたらすべてがオワル……」と感じるかもしれないけど、**あきらめたってなんとかなるし人生は続いていくから大丈夫だよ。**むしろ、解決できないことに頭を悩ませたり、全力で解決しようとしたりしても、心身の健康をリスクに晒《さら》すだけだから気を付けないといけないよ。もっと肩の力を抜こう。リラックスしている状態のほうがパフォーマンスも上がるしね。気楽にいこうよ。

何かをあきらめたり、やめたりするのがカッコいいと思う人は少ないと思うけど、**何かをあきらめる選択であれ、やめる選択であれ、それが人生をより良くしていくための選択ならそれは前進なんだよ。**今やっていることをあきらめるから、やめるから次の挑戦ができるんだ。もっと気楽にあきらめたりやめたりしちゃっていいんだよ。そうやっていろんなことを経験しているうちに、きっとあなたにピッタリの何かに出逢えるよ。

あきらめるにしろあきらめないにしろ、あなたが最善の選択ができることを、あなたの人生が良い方向に進むことを願っているね。

23

「頭おかしいんじゃないの？」は最高の褒め言葉

何かに熱中していたり、とんでもない情熱を持っていると世間からは理解されにくい。俺はそんな人たちからよく、「頭おかしいんじゃないの？　って言われました……」「なに目指してんの？　とみんなに言われて傷つきます……」と相談を受ける。俺はそういう相談を受けると、**「おめでとう！　将来が楽しみだね！」**的な返答をしている。俺に言わせたら、「頭おかしいんじゃないの？」とか、「なに目指してんの？」とか、最高の褒め言葉なのだ。差別化できている証拠である。ぜんぜん気にする必要ない。むしろ、理解されたらオワリぐらいに思っておいてちょうどいいぐらいだ。

普通の人には理解不能な情熱があるから普通の人では手に入らない成功が手に入る。普通の人では手に入らないスキルが手に入る。

ところで、この話は仕事にも適用できる。**「ありえないでしょ」「やったらアホでしょ」ぐらいのことをやるから仕事は面白くなるしインパクトを残せる。**誰でも思い付くようなお利口《りこう》なことをやったって何も面白くない。

俺は自分の理解が及ばない人たちって大好きだよ。メチャクチャ応援してる。シンプルな話だ。自分を信じてそのまま突き進もう。

ときには意図《いと》的に常識からどんどん外れていくといい。意味わかんないと思われるぐらいでちょうどいいのだ。成功しても失敗しても伝説になるぐらいのことをやっていこう。そっちのがやってて楽しいよ。

24

人を褒めまくろう

皆さん！　**人をけなしたり叱《しか》ったりするよりも褒《ほ》めたほうが100倍楽しくて、ストレス解消になって、しかも人生がうまくいくってご存じですか!?**　褒めて喜んでもらえたらあなたも嬉しくて気分が上がるし、褒めることであなたの周囲の人はぐんぐん成長するし、褒められた人はあなたに好意を抱いて人間関係が円滑になり、結果、すべてがうまく回り始めます！　逆に、人をけなしたり過度に厳しく叱ったりしていると楽しくないし、ストレスが溜まるし、しかも人生がうまくいかなくなります。人を頻繁《ひんぱん》にけなしている人は「私はあなたのことも裏ではけなしています」と宣言しているようなものだし、叱ること、つまり恐怖によって他者を支配しようとする人間は他者との間に絆・信用を築けないので人間関係が最悪の状態になり、結果、すべてがうまく回りません。

さあ！　騙《だま》されたと思って誰かを褒めてみてください！　効果は思っている以上に強力で即効性がありますよ！

でも、人を褒めるのってけっこう勇気いりますよね？　わかります！　そんなあなたに朗報です！　今日は特別に僕を褒める機会を無料でプレゼントします！　褒めたい放題です！　ツイッターで@badassceoを検索するか、下のQRコードを読み取って早速ほめてください。さあ！　早く！　褒めて！　カモン！

25

好きなものは全力で応援しよう

飲食店とか芸能人、マンガ家さんとかイラストレーターさんとか、好きなもんは応援できるうちに全力で応援しておこうな！　その店や人が活動休止に追い込まれてから応援しようとしたって遅いんだぜ。**小さな応援でいい。応援してくれる人がいるとわかるだけでお店や人はとっても嬉しくてそれはそれは大きな原動力になるもんだから。**あなたの応援がお店や人にものすごい勇気と元気を与えられるから。

日本には恥ずかしがり屋さんが多いので「好きです」「応援してます」等の良い意見は届きにくく、出る杭《くい》は打たれるという言葉があるように批判の声は届きやすい。そんな状態ではお店や人は参っちゃうよ。恥ずかしがらずに応援してあげよう。

何かを好きになるって本当に尊《とうと》くて、人生においてムチャクチャ大切なことだ。好きなものに夢中になってる時間は楽しくて気分が良いよね？　その楽しくて気分が良い状態ってのは人生の目的そのものなんだ。**好きなものを楽しんでいる時間は、人生において最も大切な時間と言っても過言ではないかもしれない。**気分はパフォーマンスも左右するので、気分さえ良ければ大抵のことはうまくいくしね。そんな最高の時間と価値を提供してくれる貴重なお店や人があなたの人生に登場したら、迷わず応援しよう。きっとあなたの応援に応えてもっと素晴らしい時間や価値を提供してくれるよ。ウィンウィン！

26

気分を上げてくれるものに金と時間を使おう

気分の上がるもので生活を満たそう。**やってて楽しいことがあるならとことんやろう。持ってて嬉《うれ》しい物があるなら迷わず買おう。一緒にいて楽しい人がいるなら一緒にいよう。**気分って超大切で、気分さえ良ければ大抵のことは乗り越えられるしうまくいく。気分を上げるためなら時間も金も惜しまず投資するといい。

もちろん限度はある。ブランド品をリボ払いでバカスカ買ったり、オンラインゲームに課金し続けたり、ガチャを回しまくったりするのはお勧めしない。だが、それと同じぐらいお金を節約し過ぎるのもまた問題だ。将来のために貯金や投資をするのは大切だが、人生を楽しくエキサイティングにするためにお金を使うことまでためらってしまったらストレスも溜まるし、他者と比べて所有や体験の経験が少なければそれだけあなたのインプット量も減るわけで、仕事や私生活にも悪影響をもたらす。

散財しろとは言わない。貯金や投資も大切だ。だが、自分の気分を上げるためにお金を使うことも同じぐらい大切だってことを覚えておいてくれ。**ストレスを解消したり気分を上げるためにお金を使うのは無駄遣いじゃない。必要経費だ。**よし！　決めた！　俺、自分へのご褒美にずっと欲しかったトレーニング器具を買っちゃうぜ！　イェイ！

27

不幸な運命なんて絶対に受け入れるな

いつか幸せになりたいと思っているそこのあなた！　あなたに不幸注意報が発令されました！　あなたは不幸に慣れてしまっている可能性があります！　「いつか幸せになりたい」じゃない。いま幸せじゃないとおかしいんだよ。

「いつか幸せになりたい」じゃなくて、**「なんでいま幸せじゃないんだろう？」**と考えられないということは、不幸がデフォルト状態だと認識してしまっているということです。それではいけません。不幸が異常事態で、幸せが平常運転だと脳をプログラミングし直してください。

信じられないかもしれないけど、考え方ひとつであなたの感覚もだいぶ変わります。幸せになって当然だと思っている人は幸せ感受性が高いので些細《ささい》な幸せもすぐ感知して幸せになるし、不幸になって当然だと思っている人は不幸感受性が高いので些細な不幸もすぐ感知して不幸になります。**幸せを探せば幸せが見つかるし、不幸を探せば不幸が見つかるというシンプルな話です。**幸せを探しましょう。幸せになりましょう。

幸せは全人類が享受《きょうじゅ》すべき当然の権利です。不幸を受け入れると感覚が麻痺《まひ》してあたかも不幸が自然な状態だと錯覚《さっかく》してしまうので気を付けてね。**たとえいま不幸のどん底にいるとしても絶対に受け入れないでね。**あまりに不運な状況を前に心が折れて不幸を運命として受け入れたくなる気持ちはわかる。でも絶対に屈しないで。最後まで抗《あらが》って。幸せになって。

28

不機嫌になっちゃう日もあるよ。人間だもの

不機嫌になっちゃう日だってあるよね。人間だもの。でもね、自分だけが悲劇のヒロインだなんて思い込まないように気を付けてほしいんだ。周りのみんなだってそれぞれ何かしら問題を抱えながら生きてる。それでも自分が不機嫌なせいで周りを不快にさせたくないと思ってなるべく明るく振る舞ってる。**不機嫌な日があるのは仕方がないけど、それを免罪符にして周りにきつく当たったり、不機嫌オーラ全開で場の空気を悪くするのはよそう。**

無理に明るく振る舞えとまでは言わないけど、他者を不快にしない最低限の線は越えないようにしよう。自分が不機嫌だからといって他者を不快にしていいことにはならない。自分のご機嫌はなるべく自分でとろう。

あ、あとこれも覚えておいてほしいんだけど、不機嫌な人に理不尽にキレられたり理由もなくキツくあたられることとってあるじゃん？ **あれ、完全に運だからそんなに気にしないほうがいいよ。**怒ってる人の言動を真に受けても損するだけだ。

人間の怒り爆発なんて時限爆弾みたいなもんでさ、たまたまその人が爆発する場に居合わせてしまっただけだから。「登山の日に雨が降る」みたいな。運が悪かったなと思うしかないし、それぐらいで心に整理をつけてほっとくのが一番です。自分のご機嫌すら自分で取れないお子ちゃま相手に感情を乱されていたらもったいないです。

29

不安だろう？大丈夫、それが普通だ

いつも不安なそこのあなた！　いま不安を抱えているそこのあなた！　**大丈夫です！　それが普通です！**　人は不透明な未来に不安を覚えます！　そして、未来を見通せる人など地球上に存在しません！　つまり、不安を感じない人なんていないのです！　不安なんてこれっぽちもなさそうな人にだって何かしらの不安は必ずあります！　僕にだって不安はあります！　でも、別にそれは普通のことだと思っているのでそれによって心が乱れることはありません！　**不安をそう敵視する必要はないのです！**　不安なのは当然だし、生きている限り何かしらの不安は常に付きまとうので不安とお友達になりましょう！　不安についてずっと考えてるともっと不安になるけど、「不安なんてあって当たり前」と考えておくとだいぶ気が楽になりますよ！

ただ、**ずっと不安だと疲れちゃうので不安よりも希望にフォーカスできるように少しずつ心のアンテナを調整していこうな！**

30

筋トレしろ！

気持ちに余裕が生まれるから

理不尽で威圧的な、あなたの天敵と呼んでも過言ではないタイプの人間はどんな環境にも潜《ひそ》んでいる。会社の上司、取引先、同僚やクラスメイトなど、あなたに危害を加える恐れのある連中が社会には少なからず存在する。サバンナで言えば奴らは獲物《えもの》を捕食する肉食動物みたいなもんである。そして、残酷なことに奴らと遭遇するか否かは完全に運任せだ。では、我々にできることはないのだろうか？

否《いな》！　ある！　**あなたが肉食動物より強くなればいいのだ！**　なんてシンプル！　社会という名のサバンナであなたの一番の味方になってくれるのは人事部でも優しい先輩でも家族でも友達でもない。**筋肉である。**

これは前述したが、筋トレで良い肉体を作り上げておくとそもそも肉食動物に狙われる率が減る。奴らは弱そうな獲物しか狙わないからだ。それだけじゃない。筋トレをして強くなると**「その気になれば相手をいつでも葬《ほうむ》り去れる」という全能感**が得られ、それが心の余裕につながる。本当に手を出すのはもちろん禁物だが、心のなかで天敵の生殺与奪《せいさつよだつ》の権を握ることができれば恐怖感もストレスも消える。

怖い上司や取引先も、「本気出せば締め落とせるし」と思うとなんだかかわいく思えてくるものなのだ。**天敵の数が減る＆心に余裕ができるという究極の二段構えで、あなたの人生は今の数十倍は生きやすいものとなることを保証しよう。**さあ、筋トレしようぜ！

31

人を喜ばせるのって最高だ

何をやっても喜びが感じられないそこのあなた！　そんなときは他人を喜ばせてみましょう！　親孝行したり、友人を助けてあげたり、知り合いの子どもにオモチャを買ったり、道で知らない人に親切にしてあげたり、なんでもいいのでとにかく人を喜ばせましょう！　人が喜んでるところを見ると自分もメチャクチャ嬉しいし、その後の人間関係も円滑になるし、良いことした後は自分の存在意義が感じられて自尊心や自己肯定感が上がるし、爽《さわ》やかな気分が長時間持続します！　人を喜ばせるのって最高ですよ！　騙《だま》されたと思って一度やってみてください！

　これは綺麗事《きれいごと》でもなんでもなく、**僕は他者貢献こそが幸せに生きる上での1つの答えだと思っています**。自己欲求の追求で辿《たど》り着ける幸せの境地《きょうち》などたかが知れています。自分は一人しかいないので満たしてやれる欲には限りがあります。それと比べて、他人の数は膨大なので喜ばせる対象が尽きることはありません。

　ですので、**他者を喜ばせることに幸せを感じられるならあなたは一生ハッピーに暮らせるということです**。利他的に生きれば愛と感謝と幸せに満ち溢《あふ》れた最高の人生になること間違いなしです。自分の幸せを最大化するために利他的に生きる、双方ウィンウィンで最高の生き方だとは思いませんか？

32

そろそろ寝ようぜ！

夜は危険だ。夜は、

①日中に比べて思考力が低下するので生産性が落ちる
②起床時間はある程度決まっているので夜の活動が長引けば睡眠不足に繋《つな》がる
③夜には意志力が弱まるので過ちを犯しやすい
④夜は漠然とした不安や過去への後悔が襲ってくる可能性が最も高い時間帯

ということで、**夜はリラックスすることにフォーカスして、あれこれ考えずにさっさと寝るのが一番だよ。**早寝早起きを習慣にして、夜の活動を減らすだけで人生はメチャクチャうまくいく。保証する。

ちょっと思い返してみてほしいんだけど、気分がどん底まで落ちるぐらい悩むときって大抵は夜でしょ？　夜は睡眠時間を遅らせれば延々と悩むことができるし、止めてくれる人もいない。夜に悩みそうになったら左の文を読んでね！

「夜だ！　寝る準備しろ！　あなたは今日1日よく頑張った！　100点満点だ！　今日はもう休め！　仕事の悩みも人間関係の心配事も一旦すべて忘れて寝ろ！　明日の自分がなんとかしてくれるから心配すんな！　大丈夫だ！　ツイッター閉じろ！　電気消せ！　ふかふかのお布団に飛び込んで幸せになれ！　おやすみなさい！　良い夢見ろよ！」

33

問題にぶち当たっている？
喜べ！
それは正しい道だ

問題にぶち当たってるそこのあなた！　喜べ！　あなたは正しい道を進んでいる！　目標のあるところに問題ありだ！　目標と問題はセット！　目標を定めて突き進んでいけば問題にぶち当たって当然なのだ！　**その問題を乗り越えたとき、あなたはより強く、より賢《かしこ》く成長するだろう！**　問題がない状態のほうがよっぽど問題だぜ！　ということで、焦るな！　悩むな！　喜べ！

そもそもね、人生は問題の連続で問題がないときのほうがよっぽど珍しいんだよ。焦らず冷静かつ気楽に対処すればいいの。覚えておいてほしいんだけど、問題が起きても基本的に2つのことしか起こらないよ。その2つってのが、

①問題を片付け先に進み気分最爽快

②問題が解決できなくても死ななきゃセーフ。失敗から学び強くなる

どっちにしてもよノープロブレムだろ？　だからそう深刻に悩むな。大丈夫。何とかなる。問題の1つや2つぐらい楽勝だよ。さっさと片付けて先に進もうぜ。

34

待つな。願うな。己の力でなんとかしろ。あなたならできる！

あなたの幸せのためにはっきり言っておく。あなたの人生に救世主なんてもんは現れない。*他力本願《たりきほんがん》は不幸の元だ。待つな。願うな。己の力でなんとかしろ。自分の人生は自分の力で切り拓け。それが一番確実だ。**大丈夫。あなたならやれる。**必要なのは体力と強い意志とちょっとの勇気だけ。そしてあなたにはそれらの力が既に備《そな》わっている。**自分の力を信じろ。あなたならやれる。**人間誰しも最後に信じられるのは己のみ。自分を救ってやれるのは自分しかいない。自立こそ最強の人生戦略だ。

勘違いしないでほしいのだが、誰にも頼るなと言っているわけではない。依存するなと言っているだけだ。誰かに依存した瞬間にあなたは己の人生の支配権を失う。その誰かに見放されたり裏切られたらお終いだからあなたはその人に逆らえず、その人があなたの人生の支配者となる。それって不幸だろ？　**少し頼るのはいい。というか、頼れるもんは片っ端から頼れ。だが依存はするな。**自分の人生は誰にも渡すな。

覚えておいてほしいんだが、同情であなたのことをある一定期間なら助けてくれる人はいるかもしれないが、あなたの面倒を見続けてくれる人はいない。何かに依存せず、自分の足で立ち続ける者のみが安定した人生を、心の平穏を手にするのだ。同情を引き誰かに手を差し伸べてもらうことがあなたの主力武器となったとき、あなたはすべてを失うだろう。だからなるべく自立しよう。**心配すんな。あなたなら絶対にできる。**

＊ちなみに「他力本願」って本来は仏教用語で「阿弥陀如来の力によって救済してもらうこと」を指すので、「他人任せにする」という意味で使うのは間違いらしいけど、間違っているほうも世間に定着しているからそっちの意味で使っている

35

せっかくなら デカい夢を抱こうぜ

夢が叶うかどうかは知らないけど、叶えられる夢のサイズが頭に思い描く夢のサイズよりも大きくなることはない。どんな天才画家もキャンバスより大きな絵は描けない。そうでしょう？　人生は長い。**叶えられないぐらいデカい夢を追い続けるのも良い暇潰《ひまつぶ》しになる。**夢を追うのって辛く苦しく、そしてその何倍も楽しいんだぜ。勘違いしないでほしいのだが、俺は「夢のない人生なんてつまらない！」と夢を神格化して夢に夢を見ているわけではない。極めて現実的にどうやったら幸せになれるか考えた結果、デカい夢を抱けばいいんじゃね？　という答えに至ったのだ。

考えてみてほしい。あなたが最も幸せなのは夢が叶った瞬間だろうか？　夢が叶ったあとだろうか？　それとも、夢を追っている最中だろうか？　**俺は、夢を追っている最中こそが最も幸せな時間だと思う。**追っている最中が一番楽しくて、手に入れる直前が快楽のピークで、手にしてみるとそこまでの感動はなく、後は下がっていくだけってのはこの世の真理だ。買い物にせよ旅行にせよ仕事にせよすべてがそう。何かを買ったあとよりも、買うまでの過程のほうがワクワクして楽しかったっていう経験があなたにもあるはずだ。つまり、**人が幸せであり続けるためには目標を追い続けるしかない。叶えてしまったらオワリなのだ。**だからさ、デカい夢を抱いてプロセスを楽しもうぜ。叶うことよりも追い続けられることが大切。そうすればずっと夢の中にいられる。

36

焦るな。目の前の問題に集中しろ

問題が次から次へと降りかかってきて焦っているそこのあなた！　焦るな！　焦っても何も解決しないぞ！　焦っても思考力が落ちてミスを犯してしまったりストレスが溜まるだけだ！　どれだけ問題が多かろうとやるべきことは変わらん！　問題の優先順位を決めたら上から順に目の前の問題に集中して叩き潰していくのみだ！　どの問題から始末するか決めたら他の問題のことは一旦忘れろ！　集中力が様々な問題に分散してしまうとどれも中途半端に終わっちまうぞ！　**目の前の問題に集中して着実に解決していけば状況は必ず好転してくる！　視界が開けてくる！　楽勝だ！**

とは言っても、「焦るな」と言われて焦りが消えるなら誰も苦労しないよね。わかる。そんなあなたにおススメしたいのが温かいお茶かコーヒーを飲むことです。頭の中でいくら焦りを消そうとしてもなかなか焦りは消えない。でも、**温かい飲み物を準備して椅子《いす》に座ってゆっくりと飲むという焦りとは無縁の落ち着いた行動を起こせば嫌でも脳と心が落ち着いてくるよ。**焦りが襲ってきたときは、ほっと一息ついて温かいお茶かコーヒーでも飲みながら冷静に今やるべきことをじっくり考えよう。

早く東京に着きたいからって新幹線の中で焦っても意味ないでしょう？　それと同じで、日常の問題も焦ったところで何の意味もない。常に冷静でいよう。落ち着いて対応すればぜんぶ解決できるよ。

37

価値のない人間なんてこの世にいねえよ

断言するぞ。価値のない人間なんてこの世には存在しない。**あなたはあなたが思っている以上にずっと優秀だし、素敵だし、無限の可能性を持っているし、誰かにとってかけがえのない存在だし、あなたと出逢うのを待っている人は必ずいるし、いろいろ理由を挙《あ》げたが本当は理由なんて必要なくてあなたは存在するだけでもうとにかく超尊《とうと》い。**

だからさ、「どうせ自分なんて……」とか「自分はダメだ……」とか悲しいことを言わないでくれ。そんなこと言ったら自分に失礼だよ。**この世界で自分の価値を最後まで信じ抜いてやれるのは自分だけなんだ。**世界が何と言おうと自分だけは自分を信じてやってよ。自分で自分をあきらめたらお終いだよ。自分をあきらめないって俺と約束してくれ。

もし、「自分には価値がないのかな……」と思わせてくる人がいたら親族だろうとなんだろうとさっさと離れるんだぞ。他人からひどい扱いを受けても何を言われても自分がダメだなんて絶対に思うなよ。

あなたには何の問題もない。問題があるのは他人にそんな風に思わせてしまうそいつらだ。普通の人は他人の尊厳《そんげん》を傷つけたりしない。**あなたは誰が何と言おうと絶対にダメじゃない。あなたは地球上でたった一人の最高に尊い存在だ。**異論は認めない。

38

仲間を探すのは、動き出したあとだ！

やってみたいことがあるけれど、一人で動き出すのが不安で、一緒にやってくれる人が見つかるまで最初の一歩がなかなか踏み出せない人は多いだろう。気持ちはわかる。でも、**自分が動き出す前に仲間を探すのは順番が逆なんだ。仲間ってのは覚悟を決めて走り出した人間に後から付いてくる。**ルフィや炭治郎《たんじろう》だって行動を起こしていなければただの少年。だが彼らは世界に出た。目標が明確で、それに向けて突き進んだ。だから仲間ができた。あなたも仲間ができないと嘆《なげ》く前に動き出そう。冒険しよう。口先だけではなく行動で示せば、あなたに感化されて協力してくれる仲間が必ず現れる。

この法則はどんなことにも当てはまる。たとえば、自分が頑張る前から誰かに助けを求めたところで誰も助けてはくれない。**救いの手ってのは必死で頑張っているあなたの姿に感動した人から差し出されるもんだからだ。**ラクしてる奴をなんとかして助けてあげようなんて気持ちは湧《わ》いてこないよね？　でも、その人が懸命《けんめい》に頑張っていたら頼まれなくても力になってあげたいと思うよね？　そういうことなんだ。助けが得られないことを嘆く前にまずは自分が一番頑張ろうぜ。頑張っていたら必ず誰かが助けてくれるよ。

「行動すれば仲間が現れる」「頑張っていれば助けてもらえる」

これ、この世の真理《しんり》だからしっかり覚えておいてね。順番を間違えないようにね。前向きに行動すれば、頑張れば、あなたの人生は必ず好転するから安心してね！

39

笑われた？
気にすんな！

頑張ってる人。挑戦してる人。周りに笑われても気にすんなよな。あなたたちは誰が何と言おうと立派だしカッコいいから胸張って堂々としてな。あなたたちは嘲笑の対象ではなく尊敬の対象なんだ。恥ずべきなのは他人の頑張りや挑戦を笑って上に立った気分になってるひねくれた奴らのほうだよ。

覚えておいて。**主役はいつだって笑ってる奴じゃなくて笑われてる奴なんだぜ**。頑張ってる奴を頑張ってない奴が笑う。そして、笑われても頑張った奴が結果を出してより良い人生を送り、他人を笑うだけで自分は何もしてこなかった奴が結果を出せず最悪の人生を送る。これは人類の歴史上何度も繰り返されてきた光景だ。

最後に笑うのはいま頑張ってる奴って決まってるからね。笑いたい奴には好きなだけ笑わせときゃいいんだよ。頑張ってる人間が恥ずべき理由など1つもない。むしろ誇るべきだ。誇りを持って明るく楽しく頑張れ。誰が笑おうと俺はあなたを笑わないし、あなたを心の底から応援してるよ。

40

筋トレしろ！ 絶対信頼できる 相棒が できるから

お金は裏切る。お金を預けている銀行が潰れたら口座のお金は全額保証ではないし、日本が財政破綻《はたん》したら円の価値も下がる。株式も不動産も価値が安定しているとは言えない。仮想通貨なんて今の段階ではまだギャンブルだ。人類も裏切る。血のつながった親子間でさえ裏切りは存在するのだから絶望的だ。SNSの数字も裏切る。多くの人がSNSのフォロワー集めに必死になるが、フォロワーの興味だって時がたてば移り行く。どれだけ愛情を注いだアイドルだっていつかは卒業するし、一般人男性／女性と週刊文春にスクープされちゃうかもしれない。いったい我々は何を信じて生きていけばいいのだっ！

突然ですが、ここで筋トレのご紹介です！

筋トレは絶対にあなたのことを裏切りません。まず筋肉。**持っていた資産の価値が大暴落しても、何かしらの事故で全財産を失っても、あなたの筋肉はまったく減りませんし弱くもなりません。**次にダンベル。友達に裏切られ、恋人にフラれ、SNSで大炎上し、応援していたアイドルが結婚してしまっても10kgのダンベルは必ず10kgのままだし、定位置で動かずあなたを待っていてくれます。この「絶対に裏切らない存在がいる」という感覚があなたの人生に最上の安心感をもたらします。**筋肉ちゃんとダンベルちゃんがいれば怖いものはありません。**筋トレしましょう。

41

自信をつける方法はある！

自信をつけたいならまずは自分と他人を比べるのをやめてみよう。**自信ってのは他人と比べて得るものではなく、自分の中に積み上げていくものだからだ。**上には上がいるから、他人と比べている限り揺るぎない自信は一生手に入らない。

ではどうするか？　簡単だ。努力して昨日の自分を超える。挑戦して成功する。困難を乗り越える。そういう経験を通して自分の中に自信を積み上げていくのだ。**自分の中にひたすら積み上げていった自信は外的要因に左右されないので揺るがない。**そして、揺るがない自信はあなたの人生において強力な武器となってくれる。

ハードルが高いと感じる人もいるかもしれないので、もっとお手軽な方法も紹介しておこう。それは、**自分との約束を守るという単純なものだ。**どうやればいいのかと言うと、自分で決めたルールを徹底的に守り抜くだけである。1日30分勉強すると決めたら必ず勉強する。週に2回走ると決めたら必ず走る。たったそれだけだ。

自分でルールを決めて、それを守れば文字通り自分のことが信じられるようになってくる。このサイクルを繰り返すことで自信は育つ。逆に、自分で決めたルールすら守れず自分を裏切ってばかりいたら自分のことが信じられなくなってくる。最初は1日10分勉強するとか、週に2回はお散歩するとか、簡単なことでいいからルールを設定してそれを忠実《ちゅうじつ》に守ってみて。少しずつ自信がついてくることが実感できるはずだよ。

42

サボってください！

みなさん！　サボってください！　日本には頑張り屋さんが多いので頑張れる人はたくさんいるけどサボれる人は滅多《めった》にいません！　学校では頑張ることを教育されますが、サボることは悪とされ、サボることの重要性やサボりかたを教えてもらえません！　ということで、意識してサボってください！　**みなさんは十分頑張っています！　というか、基本的には頑張り過ぎです！**　それって、フルマラソンをペース配分も考えずに走っているようなものですよ！

　あまり知られていませんが、頑張るとサボるはセットです！　サボるとは休息に他なりません！　そして、休息は長期的に安定した成果を出すためには必須の要素です！　頑張るだけだと燃え尽き症候群《しょうこうぐん》になったり心身を病《や》んでしまったりします！

　もちろん、サボりまくればいいという話ではありません！　**自分の限界を的確に見極めて頑張りつつも限界を超える数歩手前のサボるべきときはしっかりサボれという話です！**　肝心なときに全力が出せるようにサボれるところはサボって体力を温存しておきましょうという話です！　やってみるとわかりますが、頑張るよりもサボるほうが難しいです！　頑張らないと不安になってくるのです！　不安な気持ちはわかりますが、どうか僕を信じて大胆にサボってみてください！　しばらく続けてみればサボることの重要性がわかると思います！　**さあ、頑張ってサボろう！**

43

許せない奴を許してやれ。それができないならせめて忘れろ

許せない奴がいる人はそいつを許してやろう。許せないならせめて忘れよう。誰かを憎み続けると心に大きなストレスがかかる。時間も膨大に浪費する。許せない奴を恨んで不快な思いをし続けるには人生は短すぎるよ。いつまでも過去に縛られていたら人生が楽しめなくて損するのは他の誰でもなくあなた自身だ。

悲しいけど**止まってるのはあなたの時間だけで、あなたが許せない誰かの時間は進んでる。**あなたの人生を狂わせた人はあなたのことなんて忘れてたぶん今頃おにぎりでも食べながらNetflixでも見てるよ。そんなの悔《くや》しいでしょう？

過去にあなたを傷付けた人にあなたの未来までをも傷付けさせないで。相手のためじゃない。自分のために相手を許そう。それができないならせめて忘れよう。記憶から完全消去しよう。

過去に起こった出来事は変えられないが、未来はこれからあなたが創《つく》っていくんだ。過去の呪縛から自分を解き放って最高の未来にしていこうぜ。

44

一緒にいると笑顔になれる人を大切にしよう

一緒にいると笑顔になれる人を大切にしようね。そういう人ってメチャメチャ貴重だよ。あなたの人生の宝物だ。こればっかりはカネじゃ買えない。ご縁《えん》だよ。この広い世界でたまたま出逢って、知り合い関係から友人関係にまで発展して、フィーリングも合うとか奇跡だよ。良き友人関係は人生を豊かにしてくれる。これでもかってぐらい大切にして、あなたもその人を笑顔にしてあげてね。

もし、あなたにそういう人がいなくても焦らないで。探し続ければあなたを必要としてくれる人は必ずいる。あなたを笑顔にしてくれる人が絶対に現れる。ありのままのあなたを受け入れてくれて、お互い自然体のままでも居心地が良いなと感じられる人や環境が世界のどこかにきっとある。

何をあきらめたっていい。でも、**自分に合う人や環境を探すことはあきらめないで。**合う合わないってあるから。魚がいくら頑張っても陸上では生活できないように、絶望的に向いてない人や環境ってあるから。だからね、**合わなかったり向いてなかったりするからと言ってあなたがダメということにはならないと覚えておいて。**あなたに合う人や環境がまだ見つかっていないだけで、前向きに探し続けることをやめなければ100％見つかるから。で、見つかったら全力で大切にしようね。早く見つかるように祈ってるね。

45

迷ったら頑張っておけ

頑張るか頑張らないか迷ってるそこのあなた！　そういうときは頑張っておけ！　**頑張ったことを後悔する人なんていない！**　フルマラソン走り終えて後悔した人や富士山のぼって山頂で後悔した人なんて俺は一人も知らない！　みんなだいたい達成感で超幸せそうにしてる！　逆に、頑張らない選択をした人で「あのときもっと頑張っておけば……」と後悔してる人を俺はたくさん知ってる！

フルマラソンとか登山とかそんな大げさな話じゃなくてシャワーとかジム通いで想像してみてもいい。眠たいから今すぐ寝たいけど頑張ってシャワー浴びた人は気分爽快で眠りにつくし、仕事で疲れたからジムをサボりたいけど頑張ってジムに行って運動した人も気分爽快でお家に帰る。

迷ったら、頑張っておけばいいのだ。悪いことは言わない！　**これ以上頑張ったら心身の健康を害するなってとき以外は頑張っとけ！**

46

自分を大切にしよう。すべてはそこから始まる

他の何よりも自分を大切にすること。自分が笑顔でいられるようにすること。これが最重要課題です。自分を大切に扱っていなくていつも不機嫌な人は他者から大切にしてもらうことも良好な人間関係を築くこともできません。自分が幸せじゃなくて活力のない人は他者を大切にすることも幸せにすることもできません。

逆に、自分を大切に扱っていていつもご機嫌な人は他者から大切にされて良好な人間関係が築けます。**自分が幸せで活力のある人は他者を大切にすることもできるし幸せにすることもできます。**すべては自分を大切にすることから始まるのです。まずは自分を大切にして幸せになってください。

読者の皆さんには是非《ぜひ》とも覚えておいてほしいんですけど、**自分を犠牲《ぎせい》にして相手のために何かしたらダメです。**たまになら良いけど、慢性的な自己犠牲はＮＧです。自己犠牲の上に成り立つ幸せなんてありません。自分を犠牲にして自分が不幸になると不機嫌になり、性格が歪み、最終的には相手も不幸にします。それが自己犠牲のなれの果てです。

幸せのおすそ分けをするぐらいのイメージで余裕のある人だけが相手のために動けばいいのです。自分のコップに幸せが溢れていない状態で相手に幸せを与えることなんてできません。繰り返しになりますが、**何を差し置いてもまずは自分が幸せになってください。**みんな、幸せになってね。

47

気が合わない人に嫌われてもノーダメージ

速報が入りました！　近い将来、ノーベル平和賞を受賞すると噂されている〝嫌いな人や気が合わない人に嫌われてもノーダメージ理論〟が確立されました！　この理論を簡単に説明すると、**「嫌いな人や気が合わない人との関係がうまくいかなくてもあなたの人生に何の支障もないどころか、関わる必要がなくなりストレスが減るのでむしろ好都合である！」**という理論です。たとえば、ピーマンが嫌いな人に「ピーマン食べるの一生禁止」と言ってもノーダメージですよね？　それと同じで、嫌いな人や気が合わない人との関係がどうなろうとノーダメージなのです。つまるところ、**嫌いな人や気が合わない人は無視して好きな人や気が合う人を全力で大切にしていけばあなたの人生はより良い方向に進むということです！**　この理論に従って生きるだけで人間関係から生まれるストレスがかなり軽減できますよ！　では、忘れないように復唱してください！

気が合わない人に嫌われてもノーダメージ！

気が合わない人に嫌われてもノーダメージ！

気が合わない人に嫌われてもノーダメージ！

今日の授業はここまで！

48

断るときは素早く断れ

断るのが苦手なそこのあなた！　迷う必要はありません！　断りましょう！　素早く断りましょう！「すぐに断ったら失礼かな」とか「断りづらいから後で断ろう」と返事を先延ばしにしてはいけません！　相手の予定が立たないし、その気にさせて期待を裏切るのが最も印象が悪いし、断るまで気持ちが落ち着かないのでストレスも溜まります！

余計なことは考えず断るならキッパリ素早く断りましょう！　それが礼儀です！　保留や曖昧な回答に比べたらキッパリ断るほうが１００倍良いです！

なんでもかんでもバッサリ断ってあまりにも付き合いの悪い人になることはお勧めしないけど、それと同じぐらいなんでもかんでも誘いに乗って付き合いが良すぎる人になることもお勧めしません！

時間には限りがあります！　そして、時間はあなたの最も大切な資産です！　上手に断る術を学ばないとその大切な資産を守れません！　一度や二度誘いを断った程度で悪化する関係に価値なんてないので、ゴチャゴチャ考えてないで気が乗らないときは臆せずさっさと断りましょう！

最後になりますが、僕は友達がいなくて誘われることがないのでこのコラムは妄想で書いています！　正直言って、断る誘いのあるあなたがほんの少し羨《うらや》ましいです！　よろしくお願いします！

49

あなたが何歳だろうが、今がいちばん若い

年齢に縛《しば》られるな！　何歳になっても学ぶ姿勢、好奇心、挑戦する勇気さえあれば年齢なんて関係ない！　何歳までが若いのか？　そんなことは知らん！　そんなもん自分で決めりゃあいい！　だがこれだけは確実に言える！　**あなたの今後の人生であなたが一番若いのは今だ！　あなたがいま何歳であろうとやりたいことがあるなら今すぐやり始めろ！**　人の成長はそこに向上心がある限り死ぬまで止まらんし、成長を止めない人間はいつまでも若くあり続ける！　そもそもこれだけ寿命が延びてるのに年齢に対するイメージが昔から変わってないなんておかしな話だろ？　**人生１００年時代なんだ。30代とか超フレッシュでピチピチだし、60代とか脂の乗り切った最高の状態だぜ！**

　俺がこう思うに至ったエピソードを紹介してもいいかな。ホテルのプールで泳いでいたんだけど、そのプールで70歳ぐらいの女性が水泳を習っていたんだ。で、かなり苦戦してるんだけど笑顔が絶えなくて、泳げる距離が少しのびる度に笑顔でガッツポーズしたりキャッキャしながら喜んでんの。俺、その姿を見て感動しちゃってね。**何歳になっても学ぶ姿勢、好奇心、挑戦する勇気さえあれば人生は死ぬまで楽しめるなって確信したんだよね。**その人マジで楽しそうだったから。エピソードは以上です。最後に良い感じの中国のことわざを置いていきます。

木を植える最も良い時期は、20年前である。次にいい時期は今である。

　一番若いのは今だぜ！

50

筋トレしろ!

新しいことに挑戦しやすくなるから

新しいことに挑戦し続けることは人生の醍醐《だいごみ》味であり、キャリアチェンジや学び直しが避けられないであろう人生100年時代における生存戦略だが、そうはいっても新しいことを始めるには気力と体力が必要だ。今まで通りのことをやり続けるほうが楽だから、人間はなかなか新しいことを始められない。

そこで筋トレだ。筋トレとそれに付随《ふずい》する正しい食事習慣や睡眠習慣、ライフスタイルを継続すれば、当然ながら気力と体力が増強される。**人間もしょせんは動物。シンプルに体力があるかないかで、新しいことに挑戦する意欲、実際に行動に移せるかどうかの成否は左右される。**若いうちはいいが、とくに30歳を過ぎてからは筋トレをしているか否かで気力と体力に圧倒的な差が出てくる。とりあえず筋トレをしておけばいつでもフルでアクセルを踏み込む準備が整うのだ。

体力ってマジで大切で、成功してる人としてない人に大した差なんてない。1つあるとすれば体力の差だ。体力のある人は集中力を切らさずに良い仕事をするし、体を壊さずに安定して成長するし、知識も機会もガンガン手に入れる。スポーツに限らず、リアルな世界でも体力の差は想像以上にデカいのだ。体力こそ最強の資本。そして、体力は筋トレで鍛えられる。そう

……筋トレこそ最強の自己投資であり、すべては筋肉である。

51

自分に優しく。他人にも優しく

自分に優しくあろう。そして、他人にはもっと優しくあろう。**そうすればあなたの世界はとても生きやすいものになる。**なぜなら、他者に向けた厳しい視線はそのまま自分に返ってくるからだ。たとえば、貧困を努力不足による自己責任だと主張していた人間は、いざ自分が貧困に陥ったときに恥ずかしさを覚え周囲の助けを求めることができないし自分を責めるしかない。

うつ病は甘えに過ぎないと他者を責めていた人間は、いざ自分が精神を病んでしまったときにどの面下げてそれを受け入れたらいいかわからないので簡単にはそれを周囲に打ち明け素直に通院することができない。さらに、あなたの意見はあなたの周りの人、ひいては社会にも影響を与えるので、あなたが厳しくした結果、あなたが生きる社会までも厳しい社会になってしまう。他者に厳しくすることは自分に厳しくすることに等しいのだ。

人生いろいろある。ただでさえ厳しい世界なんだからせめてお互いに優しくあろう。「みんな大変なんだからお前も耐えろ」ではなく「みんな大変なんだからお互い思いやりを持って助けあおう」でいこう。**自分に優しく。他人にも優しく。これでいこう。**

52

安心しろ！人生の意味なんて誰もわかってねえよ

人生に迷ってるそこのあなた！　心配すんな！　**どう生きるのが正解なのかわかってる奴なんていねえし誰にも人生の意味なんてわかんねえ！**　何歳になってもわかんねえし確信なんて持てないから安心しろ！　この世には迷ってる奴と、迷ってるけどわかったフリしてる奴と、わかった気になってる奴と、正解はわかんないけど自分はこう生きると決めてる奴がいるだけで実際のところは誰もなんもわかっちゃいないのが実情だ！　俺もサッパリわかんないし常に迷子だ！「わかっちまったら人生面白くなくなっちゃうじゃん」とすら思っている！

ということで、**人生に迷ってもそう深刻に悩む必要なんてなくてそれが平常運転だって覚えておいて！**　人生に正解なんてないし、これをやったら確実に安全っていう道もないのでとりあえず自分の心に従ってやりたいことを全力でやっておこう！　1つだけわかっていることがあるとすれば、それは人生は楽しんだもん勝ちってことだ！　で、やりたいことやるのはムチャクチャ楽しい！　これは間違いない！　一度きりの人生だ！　ゴチャゴチャ考えてないでやりたいことやろう！　飽きたら別の生き方を探せばいいし、間違えたら修正すればいいだけなので気楽にいろんな生き方にチャレンジしよう！　あなたの人生が最高にエキサイティングなものになることを祈ってるぜ！

53

もし、ゴリラなら どうするかな？

悩んで落ち込んでしまうときは「もしゴリラならどうするか？」と考えましょう！

そうすると、

「**ゴリラはこんなことで悩まない。**人間は脳が発達し過ぎているから余計なことでゴチャゴチャ悩むのだ。**とりあえず人間界にあるバナナ食おう**」

「**ゴリラにとっては人間界にある問題などすべてどうでもいい。**やはり人間の発達し過ぎた脳が問題を創り出しているようだ。**何はともあれバナナ食べて落ち着こう**」

という結論に至り、悩むのがバカらしくなって悩みが消えます！　僕はこれを「**無敵のゴリラ思考**」とよんでいます！　効果は抜群です！　どうぞ使ってください！

シンプルすぎてこの本の中でも最も短いチャプターとなりましたが、ときにはこれぐらい削ぎ落として考えることが大切です！　ウホッ！

54

全力で遊べ！

全力で働け！　そしてそれ以上に全身全霊をかけて遊べ！　人生は楽しむためにあるってことを忘れるな！　仕事のために人生があるんじゃない！　人生のために仕事があるんだぞ！　仕事をするためだけの人生になってないか？　最近遊んだか？　心の底から笑ったか？　遊ぶことを、人生を楽しむことをサボるんじゃないぞ！

遊べ！　笑え！　人生を楽しめ！

実は、この生き方はあなたの仕事・キャリアにもプラスに働く。オンとオフ、緊張と緩和、抑圧と解放、そういったサイクルを繰り返すことであなたの人間力、幸福度、能力は伸びていく。遊ぶことにより英気が養えるし、遊ぶためにもっと頑張ろうと思えるし、経験を通して想像力がつきクリエイティビティが増したり、ストレスマネジメントにも役立つので心身の健康にも良い。長期的に見てあなたの仕事にとってプラスなことばかりなのだ。**ポジティブ心理学という分野では、幸せな人はそうでない人に比べて能力が高いことがわかっている。**ストレス過多の状態よりもストレスフリーの状態のほうが脳が効率よく働くのだ。成功するから幸せなのではなく、幸せだから成功するのだ。

そういった意味でも、全力で遊んで人生を楽しむ姿勢は理にかなっている。楽しい上に仕事・キャリアにも好影響とか遊ばない理由がなくない？　遊ぼう！

55

8時間前後は寝ろ！
週2回は運動しろ！
食生活を整えろ！

みんなに何か1つだけしかアドバイスできないとしたら俺はこれを選ぶ。

「8時間前後は寝ろ。週2回は運動しろ。食生活を整えろ」

超シンプルだけど、これぞ全人類に当てはまる最強の人生戦略である。真面目な話、どんな自己投資も①8時間前後寝る②週2回以上運動する③食生活を整えるという3つの行為には費用対効果でかなわない。他のことはこの3つができてからでいいから、何を差し置いてでもまずはこの3つをちゃんとやることをお勧めしたい。ハッキリ言って、生活習慣ほど大切なのに多くの人に軽視されている事柄はこの世にない。生活習慣を整えないとか、俺に言わせたら目の前に落ちている一万円札を拾わないぐらいもったいないことである。

睡眠でホルモンバランスと自律神経を整えて、運動で強い肉体と精神を保ち、健全な食生活で健康を保つ。**もっと言うと、この3つを完璧に整えると脳のパフォーマンスが上がり、不安に強くなり、理想の体型を維持しやすくなり、より幸福を感じやすくなり、様々な疾患《しっかん》の予防になり、このまま理由を挙げていくとキリがないのでこの辺でやめておくがとにかく無限と言っても過言ではないほどの恩恵が得られる。**

もしできていない人がいたら騙《だま》されたと思って1か月間ほどこの生活を試してみてほしいし、今既にやっている人はその生活習慣を死守《ししゅ》して最高の人生を送ってほしい。

56

長所を磨け。コンプレックスがぶっ飛ぶ

良いこと教えてやる！　抜きん出た能力が1つでもあればそのほかすべての欠点は無効になるぞ！　自分のコンプレックスにばかり目を向けてウジウジしていたらもったいない！　**あなたが目を向けるべきは自分の欠点ではなく長所だよ！**　すべてが平均点の人よりも、1つの技能が優れている人のほうが社会から重宝されるし自分を売り込みやすいよ！

他人はあなたが何ができないかなんて気にしてなくて、何ができるのかを気にしてる。あなたが思っているほど他人はあなたの欠点なんか気にしちゃいないんだ。求人情報だってバンドメンバー募集だってそうでしょ？　プログラミングできる人を探してます！　であって、プログラミングできない人を探してます！　じゃないし、ギターができる人を探してます！　であって、ギターできない人を探してます！　じゃないでしょ？　何ができないかなんてどうでもいいんだよ。

あなたは、何ができるかで定義される。**できないことはほっといてできることを誰よりも上手にできるようになればいい**。ということで、欠点を補《おぎな》う努力よりも長所を伸ばす努力をしよう！　長所を磨けばコンプレックスなんてぶっ飛ぶよ！

57

いろんな
スマホゲーム
同時にやってる
感覚で生きろ

いつも悩んでいたり、常に何かしらの問題を抱えていて気分が暗くなりがちなあなたにおススメしたい考え方がある。それは、**世界を意図的に分断して何種類も持っておくという考え方**だ。どういうことかと言うと、仕事の世界、家族や友人との世界、趣味の世界、恋愛の世界等々、あなたが属する世界をまずは細分化する。そして、これらを延長線上ではなくぜんぶ切り離して考えるのだ。**そうすればどれか1つでも好調ならその世界に飛び込めば幸せだし、どれか不調でも別の世界にフォーカスすれば耐えられる。**同時にいろんなスマホゲームやってるぐらい気楽な感覚で生きるのだ。

多くの人は自分の属する別々の世界を「自分の世界」としてひとまとめにしてしまうので、悩みが耐えなかったり、常に何かしらの問題を抱えている。それもそのはず、**仕事、交友関係、趣味、恋愛等、すべてが完璧でうまくいってる状態なんて人生において滅多にない。**よって、それぞれの世界を独立した世界として捉え、どれか1つの世界でもうまくいっていたら十分に順調という考え方にシフトしていかないと今後の人生ずっと楽しめない。

あなたにもいろんな世界があると思うけど、**どれか1つでも順調ならあなたの人生はかなりうまくいっているほうなので悩んだり問題にばかりフォーカスするのはやめよう。**悩んだり問題にばかりフォーカスしてるとせっかくの人生が楽しめなくなっちゃうよ。

58

嫌いな奴は ほっとこうぜ

「あいつが嫌い！」とか「あの人がムカつく！」とか言いたくなる気持ちはわかる。わかるけど、嫌いな奴なんてほっとこうぜ。嫌いな奴なんてどうだっていいんだよ。あなたが嫌いな奴のことを考えてる間、あなたの大事な時間と脳のリソースがその嫌いな奴に奪われてるんだぜ？ 超もったいないよ。**嫌いな奴らはほっといて、それと同じ分の時間と脳のリソースを好きな人のために使おうよ。**そっちのほうが絶対に良いと思わない？

「嫌われたくない」「嫌われると傷つく」と思う人もいると思うけど、そもそも誰にも嫌われないなんて無理ゲーだし、嫌われたって傷つく必要は一切ないんだよ。人には合う合わないがあるから。あなたが良いとか悪いとかじゃなくて、どうしても合わない同士っているもんだから。ラーメンとアイスクリームは個々では最高だけど一緒に食べたら合わないでしょ？ それと同じようなもんだって。あなたに原因がなくても嫌われるときは嫌われるから。**「奇遇ですね！ 私もあなたのことそんなに好きじゃないです！ なるべく関わらずに生きていきましょうね！」**と明るく気楽に考えておけばＯＫだよ。

こればっかりは気にしてもしゃーない。嫌いな奴はほっといて、好きな人のこと考えよう。好きな人と時間を過ごそう。好きな人を大切にしよう。

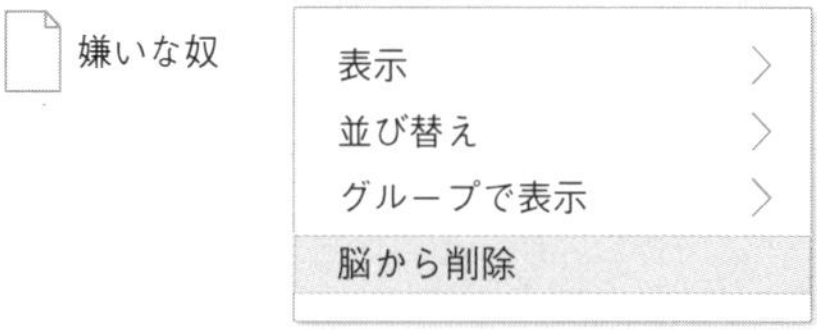

59

欲しいもんは「欲しい」と言え！

欲しいもんは素直に欲しいと言え！　嫌なことはハッキリ嫌だと言え！　言いたいことがあったら我慢せず言え！　**自分の欲求、気持ちに素直になれ！**　自分よりも他者を優先するあなたの優しさは素敵だが、自分の幸せのために主張すべきときは主張していかないと損ばかりの人生になるぞ！　**この世は言ったもん勝ちだ！**　お利口《りこう》に順番待ちしていても順番は回ってこない！　主張する奴が、声のデカい奴が欲しいものを手にする！　赤ちゃんのときに泣かないとミルクもらえないって学習したでしょう？　ということで、他人に遠慮すんな！　ときにはワガママになることも覚えようぜ！

多くの人が我慢するのが大人って思っているみたいだが、そりゃ間違いだよ。我慢できないことがあったら誠実に話し合うなり環境を変えるなりして我慢しなくてもいいような方法を探し出すのが大人。**欲しいものがあったら我慢するんじゃなくてそれを手に入れる方法を考え出すのが大人だよ。**我慢が美徳みたいな風潮があるけど、我慢なんてしないに越したことはない。繰り返しになるけど、自分さえ我慢すれば丸く収まるとか思って我慢しないでね。自分を犠牲《ぎせい》にして他人の幸せを優先してると自分の幸せは一生回ってこないからね。**自分の幸せを優先することはワガママなことなんかじゃないって覚えておいてね。**

他人によっぽどの迷惑をかけない限り、あなたには自分の欲求に従う権利が、幸せになる権利があるんだよ。幸せになってね。

60

筋トレしろ！
ネガティブな感情がどっかいくから

心配事や不安で悩むことをやめられないときこそ筋トレだ！　**筋トレ中は悩んでる余裕なんてねぇ！**　筋肉を極限まで追い込むことで「おい脳！　悩んでる場合じゃねえぞ！　筋肉に集中しないとバーベルに潰されるぞ！」と信号を送り、脳を強制終了してやるのだ！　不安や悩みに圧し潰されるぐらいならバーベルに圧《お》し潰されろ！　スッキリするぞ！

冗談っぽく聞こえるかもしれないけど効果は抜群だ。最近はマインドフルネスが話題で、ストレス解消、ストレスに強くなる、クリエイティビティの向上等の効果が様々なエビデンスによって証明されていることをみんなも知ってると思うけど、理論的にはそれに近い。簡単に説明すると、ボーっとしているときでも脳のＤＭＮ（デフォルト・モード・ネットワーク）は活動していて、こいつを意識的に止めてやらないと脳が疲労してしまう。マインドフルネスの狙いは、自分の呼吸に集中したり自分の体のパーツに意識を向けたりして「今ここ」に集中することによりＤＭＮを不活性化することである。

お気づきでしょうか？　**筋トレは強制マインドフルネスみたいなもんなのです。**筋トレでは呼吸や筋肉の動きに集中しますが、それってマインドフルネスそのものなのです。実際、歩行や腕を上げ下げする等の軽いエクササイズを伴《ともな》うマインドフルネスも存在します。**筋トレがあまりにも万能すぎて震《ふる》えます。**

61

ポジティブは
つくれる！

「可愛《かわい》いはつくれる」と同じでポジティブはつくれます！　8時間前後の睡眠時間を確保して、起床と就寝の時間を固定して、朝陽を浴びる、運動する、就寝2時間前は強い光やスマホの使用を避ける等の睡眠の質を高める工夫をすればホルモン分泌と自律神経のバランスが最適化されてだんだんポジティブになってきます！

もう一度言います！　ポジティブはつくれます！

ここまで言っておいてあれなんだけど、俺はポジティブを押し売りする気はないし、ポジティブ／ネガティブには遺伝の影響も多少あるし、たまにネガティブになっちゃうのが人間だから根がネガティブな人もそんなに気にしないでほしいんだけど、人間の脳って弁当箱みたいなもんでスペースには限りがあるんだ。で、ネガティブ思考ってのは弁当箱に嫌いなおかずばかり詰め込む行為。そりゃストレスも溜まるしテンションも下がる。

だからね、これは俺の勝手な願いなんだけど、**たまには意識的にポジティブに考えてみたり、生活習慣を整えてポジティブが入ってきやすいような状態を作ってみてほしいんだ**。悲観するより楽観してほしいし、絶望するより希望を持ってほしいし、心配するより期待してほしい。いつもポジティブでいろとは言わないけど、ポジティブな面も持って明るく楽しく人生を謳歌してほしい。みんなの人生が明るく楽しいものになることを願ってるね。

62

緊張はご褒美。緊張を楽しめ

緊張することを恐れるな。過度な緊張は対策が必要だが、適度な緊張はご褒美だぜ。**緊張はあなたのパフォーマンスを上げてくれる。**緊張しているときはアドレナリンやらコルチゾールやらいろんなホルモンが分泌されているんだけど、それは体がきたるべき試練に向けて集中力や警戒心を高めている証拠だ。**あなたの体が普段以上のパフォーマンスを発揮しようとするから緊張するのだ。**『鬼滅《きめつ》の刃《やいば》』を読んだ人は全集中の呼吸をイメージしてくれ。『ドラゴンボール』を読んだ人は界王拳《かいおうけん》をイメージしてくれ。緊張してるってことは良いパフォーマンスを出す準備が整ってる状態なんだよ。最高だろ？　**あーだこーだ考えて不安になってると過度な緊張に陥《おちい》るから、もっと楽観的になって緊張を楽しめ。**緊張するってことはそれだけあなたが本気で準備してきた証拠だからあなたはきっとうまくやる。大丈夫。その緊張をうまく乗りこなして楽しんでくれ。

ところで、**緊張してないように見える人ほど、自信満々に見える人ほど実はあがり症で臆病者だって知ってた？**そういう人たちは本番で緊張して失敗するのが怖くて怖くて仕方がないからこそ裏で徹底的に努力してきた人たちだ。本番で緊張する気が失せるぐらい下準備を繰り返してきた人たちだ。「**緊張しない人はいいな～**」**と思うかもしれないけど、最初から緊張しない人なんていない。**緊張に呑み込まれないメンタルは圧倒的な努力と下準備で自ら創《つく》り出すもんだって覚えておいて。

63

価値観の押しつけはスルーしてOK

「結婚しない人は不幸だ」とか「子どもをつくらない人は不幸だ」とか「女はこうあるべきだ」とか「男はこうあるべきだ」とか「母親はこうあるべきだ」とか「父親はこうあるべきだ」とか、あなたの生き方や価値観に文句つけていろんなことを言ってくる人がいると思うけど、価値観の押しつけとかもはや宗教だから気にしなくていいよ。

あるべきとかすべきとかすべてカルト宗教みたいなもんだから。「**あーまた宗教の勧誘か**」とか「**あ、あなたは結婚しない人はみんな不幸教を信じていらっしゃるんですね**」ぐらいに思っときゃいい。

「○○しないと幸せになれない」とか完全に宗教の勧誘と同じでしょう？　**幸せの形は人それぞれ。何が幸せで何が幸せじゃないかはあなたが決めたらいい。**周りの意見に惑わされず、あなたはあなたの好きに生きてね。最高の人生を送ってね。

64

自分を信じろ。
それができないなら
人類を信じろ

あなたならできる！　自分を信じろ！　自分が信じられないなら人類を信じろ！　本気になったときの人間は凄いぞ！　空飛ぶ乗り物を作って海を越えちゃうし、月にだって着陸しちゃうし、無酸素でエベレスト登頂しちゃう人もいるし、２５０kg以上の重りを頭上に上げちゃう人もいる！　そして、**生物学的に見たらあなたもその人たちも同じヒト科だ！　大した差はない！　同一カテゴリー！　ゴリラから見たらたぶん見分けすらつかない！**　そいつらにできてあなたにできない理由なんてないんだぜ！　同じ人間とは思えないような奴らがウヨウヨしているけど、そいつらだって最初から凄かったわけじゃない！

ここまで言ってもまだ自信が持てないなら、この３つだけ心に留めておいてほしい！

①能力は固定じゃない。努力で幾らでも伸ばせる。最初は誰だって未熟だし初心者

②今がダメ＝今後もずっとダメとか思うな。人は変われる。幼少期にパッとしなかった偉大な人物って多いんだぜ

③自分を最後まで信じてやれるのは自分だけだ。信じろ

今はまだ素直に受け入れられないかもしれないけど、それでもいいから、自信を失ったときや、忘れてしまいそうなときに定期的に読み返してほしい！　最後になるが、たとえあなたがあなたを信じられなくても、俺はあなたの可能性を信じてるぜ！

65

大切なのは
優秀かどうかじゃない。
誠実かどうかだ

断言する。**ありとあらゆる能力の中で最も大切なのが誠実さだ。**どれだけ優秀な人物でも誠実でなければ意味がない。すべての能力は誠実さという基盤の上に成り立っている。どんな状況下においても誠実でいよう。常に誠実でいることは大変だけれど、誠実さは大変な思いをしてでも守り抜く価値のある能力だ。

もし、あなたが誠実な人であるならばお礼を言わせてくれ。本当にありがとう。あなたのような人がいるから社会は平和に回っている。あなたのような人がいるから俺を含めた多くの人たちが人間を好きでいられる。

ときには誠実じゃないズル賢い奴らが得する世の中に感じることもあるだろう。誠実が過ぎて損することもあるだろう。だが、誠実さが報われるときが必ず来るからどうかそのままずっと誠実でいてほしい。誠実な人間には良い評判が立ち、味方が増え、自尊心が強化され、最終的には幸せになる。逆に、誠実でない者には悪評が立ち、周りは敵だらけになり、誠実さを欠いた己を恥じて自己嫌悪に陥り、最終的には不幸になる。誠実こそが最強の人生戦略である。そして、誠実な人は最高に素敵だ。**誠実であろう。**

66

やる気がないときこそチャンスだ

何かやらないといけないことがあるのにどうしてもやる気がしないそこのあなた！　あなたはなんてラッキーなんだ！　やる気がないときはチャンスタイムだよ！　**やる気がないときは「やる気がなくても機械の如《ごと》くやる」練習ができる唯一の機会だ！**　やる気があるときはこの練習できないからね！　で、この能力はあなたが今後の人生で何をやるにしろムチャクチャ役立つ最強のスキルだ！　やる気に左右されずにやれるようになれば何やっても大成功すること間違いなし！　これは鍛えないという選択肢はないね！

ところで、どうしてもやる気が出ないときに1つ試してみてほしいことがあるんだけど、騙《だま》されたと思って無理やりにでもいいから始めてみてほしいんだ。**やる気を出す唯一の方法は「無理やりにでもやり始めること」だと言われていて、これは脳科学的にも心理学的にも証明されている。**どうやら、やる気→行動という順番ではなく、行動→やる気という順番でやる気が湧いてくるから、やる気が湧いてくるのを待っていてもやる気は湧いてこないし、逆にやり始めてみたらやる気はすぐに湧いてくるみたいなんだ。やってりゃその気になってくるってやつね。人間って面白いよね。一度試すとわかるからぜひやってみて。

最後、カッコいいこと言って終わります。

やる気に行動を支配させるな　行動でやる気を支配しろ
主従関係をハッキリさせろ　ボスは誰なのかやる気にわからせてやれ

67

逃げられる人は強い人だ

耐えられないほど辛いなら逃げましょう。多くの人が勘違いしてるんだけど、本当に強い人はどんな環境でも耐え抜ける人じゃない。耐えるべきでない環境から抜け出せる人が強い人だ。打たれ強いことよりも自衛できることが大事。あなたのその強さを耐えることに使わないで。あなたの強さはその環境を抜け出すことに使おう。

大切なことだから何度も繰り返し言うけど、健康を犠牲《ぎせい》にしてまでやる価値のある仕事なんてこの世には存在しないよ。心や体は一度壊れると厄介だ。簡単には治らないし脆くなる。限界が近いなと感じたらすべてを投げ出してでも逃げようね。多少無責任でもいい。先の事は後から考えたらいい。とにかく健康を守り抜こう。健康がダントツで一番大事だ。

もう1つ付け足しておくと、**この環境は脱出しないとマズいなと思ったら余力があるうちに速やかに行動を起こそうね。**みんな限界ギリギリまで耐えてそれから行動を起こそうとするんだけど、それが大問題で、ブラックな環境で耐えていると思考回路が回らなくなってきちゃうんだ。いじめやパワハラ、過労に睡眠不足、問題は様々だと思うけど、そういったことが重なって過度のストレスや生活習慣の乱れ等が要因となりホルモンバランスや自律神経が狂い出すと、正常な判断ができなくなり脱出する意志も体力も保てなくなる。**だから、動けるうちに動くって俺と約束してほしい。大丈夫。あなたは強い。必ず悪い環境から抜け出せるよ。**

68

自分の限界を他人に決めさせるな

「なんかできる気がする」とか「イケる気がする」って気持ちは大切にしよう。**人生は甘くないだとか君には無理だとか言ってくる奴らは無視でいい。**ほとんどの人がこの段階であきらめる。競争相手が戦う前から一気にいなくなるんだ。人生は行動力があって継続的な努力ができる人には結構甘いよ。やってみなよ。

自分の限界を小さく見積もることの危険性についても言及しておきたい。学習性無力感という用語をご存じだろうか？　その環境から逃れようとする努力すら行わなくなってしまう現象を表す用語である。無力であることを学習し、自分で自分にリミッターをかけてしまうのだ。わかりやすいストーリーとしては、本来は30㎝ほど跳躍できるノミを透明のコップの中に入れておくと、ノミはコップの高さ以上は跳べないことを学習し、コップを取り除いてもコップ以上の高さの跳躍《ちょうやく》ができなくなってしまうとか、サーカスのゾウは大人になったら鎖《くさり》など簡単に引きちぎれるはずなのに、子どものときに引きちぎれなかった記憶があるためそれを試すことすらしないといった逸話《いつわ》がある。限界を小さく見積もってしまうことの危険性が伝わっただろうか？

良い子のみんなは他人の感覚よりも自分の感覚を信じよう。信念を持って前進し続けられる者に不可能などない。できる気がするならやってみろ。イケると思うならいっとけ。

69

ニコニコしよう！いいことだらけだ

幸せな人生を送りたければいつもニコニコしていましょう。**笑顔でいるだけで運気が上がります**。いつも笑顔でご機嫌に見える人は親しみやすいからいろんな人が集まってきます。で、人が集まれば面白い話も集まるし困ったときは助けてもらえる確率も上がります。

それだけじゃありません。**人は人を映し出す鏡なので、笑顔で接すれば笑顔で接し返してくれます**。逆に、不機嫌な顔と態度で接すれば相手も不機嫌な顔と態度で接し返してくるので注意が必要です。自分の周りに不機嫌かつ不親切な人が多いなと感じるなら、一度自分の表情と態度を見直してみる良い機会かもしれません。他者が不機嫌な顔と態度の人に警戒心を抱き、それなりの対応をするのは自然の摂理《せつり》。笑顔でいればそういった問題とは無縁です。**笑顔でいるだけで、自然と周りの人も笑顔になるし、あなたへの対応も親切と優しさで満ち溢《あふ》れたものになっていくとか最高じゃないですか?**

あなたが笑顔をつくるとき、実はそれ以外にもワンダフルなことが起きています。**笑顔をつくると、脳が何か楽しいことが起きていると勘違いしてポジティブな思考になってくるそうです**。笑顔をつくるとドーパミン神経系が活性化され、それが快楽に繋《つな》がるのです。要は、楽しいから笑顔になるという通常の回路のほかに、笑顔になるから楽しいという裏回路が存在するようなのです。これは笑っとかないと損ですね!

70

筋トレしろ！常にご機嫌でいられるから

腕太く
なってるから
俺の人生は
順調

仕事でミスをしたり、好きな人に振られたりしたら、「人生オワッタ」「もうダメだ」と絶望してしまう人がいる。なんでこんなふうに思い詰めてしまうのかというと、「仕事が自分の人生のすべてだ」とか「この人こそ運命の相手だ」と視野が非常に狭くなってしまっているからである。人生には様々な要素があるのに、あまりの衝撃に仕事や色恋《いろこい》が人生のすべてと錯覚してしまっているのである。そんな人はこう考えてみてほしい。

「人生のメインは筋トレであり、それ以外のことはオマケである」

なんと美しい発想の転回であろう。筋トレをかじったことのある人なら知っていると思うが、筋肉が成長するのは筋トレの最中ではなく、筋トレをしないで体を休ませているときである。つまり、**筋肉が修復し、成長している間の暇つぶしとして仕事や恋愛をしていると考えればいいのだ。**そうすれば、たとえ仕事でミスして上司に怒られても「クックック、どんなに私のことを怒っても私の筋肉の超回復は止められまい！」と気にしないでいられるし、好きな人に振られても「**筋肉の調子は良いからいいや**」と余裕がもてる。筋トレをするだけでいつもご機嫌でいられるのだ。そして、筋トレは努力を絶対に裏切らないので、あなたがサボらない限り人生は常に絶好調という完璧な設計である。これぞコペルニクス的転回ならぬテストステロン的転回！　お試しあれ！

71

カッコつけて生きようぜ

自分で自分にカッコつけて生きていこうぜ！　人を騙《だま》すぐらいなら騙されろ！　困っている人がいたら助けろ！　義理人情は徹底的に守れ！　ズルはすんな！　愚痴《ぐち》や陰口を言うな！　何かに熱中して自分を高めろ！　**自分で自分を好きでいるために自分自身にカッコつけて生きていけ！**　自分を好きでいられるというのは何にも変えがたい価値があるぞ！自分とは四六時中、一生の付き合いだ！　自分で自分のこと好きだと人生がメチャ楽しくなるぞ！　保証する！

だがしかし！！！！！！！！！！！！！

だがしかしですよ。人間って弱いじゃないですか。いつもいつも自分にカッコつけられるわけじゃないし、たまにはダサいこともしちゃうじゃないですか。で、ダサいことすると自分のことを嫌いになっちゃうじゃないですか。

だからね、**自分に甘くなることも忘れないでください**。ダサい自分もたまには認めてあげてください。**人間だもの。しゃーない**。基本姿勢はカッコつける、でも10回に1～2回ぐらいダサいことしちゃっても許容する。これでいきましょう。それぐらい気楽にやったほうがストレスもないし長続きするし楽しいです！

72

覚えておいてくれ。あなたは自由だ

生きていく上で絶対に忘れないでほしいことがある。それは、あなたは自由だということだ。他人に直接の迷惑をかけない限り何をしようとあなたの自由。今からギター始めて来月にバンド組んだっていいし、格闘技を始めて大会に出てみたっていいし、コロナ騒ぎが終わったら東南アジアに移住してみたっていいし、ユーチューバーになってみたっていいし、明日バンジージャンプ飛んだっていいし、昔あきらめた夢をまた追いかけたっていい。

あなたは自分で思ってるよりずっと自由だよ。意識が変われば世界が変わる。自由に楽しくいこうぜ。先に言っておく。人生を自由に生きていると「私も我慢してるんだからお前も我慢しろ」とでも言わんばかりに文句をつけてくる連中があなたの前に現れるだろう。**ガン無視でいい。**その人が我慢してるのはその人の勝手であり、あなたは好きに生きたらいい。

他人にゴチャゴチャ言われたときは「**あなたが私の人生の責任を取ってくれるの？　そうじゃないなら黙ってて**」で**ＯＫなのだ。**自分の人生の責任を取れるのは自分だけなのだから自分の進みたい道に進もう。そっちのほうが間違いなく悔いのない楽しい人生になるよ。

我々は自由だ！　楽しもう‼

73

頑張りすぎたら ダメだよ

頑張りすぎたらダメだよ。

頑張りすぎたらダメだよ。

頑張りすぎたらダメだよ。

はい、大事なことなので3回言いました。**頑張りすぎるのは非効率的だ。**受験勉強にしても仕事にしても、ただシンプルに稼働時間を増やせば短期的には成果があがるのは事実だ。が、長期的に見ると完全にマイナスである。

たとえば、睡眠時間を減らせば脳の機能が低下して生産性が落ちたりミスが目立ってくるようになる。休養に気を遣わず体調を崩してしまえばそれだけ休まねばならない。風邪《かぜ》程度なら大した問題ではないが、燃え尽き症候群《しょうこうぐん》等になってしまえばやる気や体力が通常のレベルに回復するまでに数週間〜数か月を要することもある。稼働《かどう》時間を増やすのが最もシンプルでわかりやすく短期的には効果の出やすい解であるため多くの人がやってしまいがちだが、安易に飛びついてはいけない解であることを覚えておいてほしい。**どんな状況においても7〜8時間寝たほうが脳の働きが良くなるんだから寝るべきだし、体調や精神を崩したら元も子もないから食事や運動にも時間を割《さ》いて心身を健康に保つべきだし、想像力や英気を養うために遊ぶことや趣味の時間だって大切だ。**そちらのほうが楽しいし健康的だし結果も出る。ガムシャラにやるな。スマートにやれ。頑張りすぎるの禁止。

74

いま持っているものを再確認して感謝しよう

独身「寂《さび》しいから結婚したい」←→既婚「自分の時間がないから独身に戻りたい」

忙しい「暇《ひま》が欲しい」←→暇「退屈だ」

大企業「ベンチャーはやり甲斐《がい》があって羨《うらや》ましい」←→ベンチャー「大企業の安定が欲しい」

　隣の芝生《しばふ》は青く見えるもんだ。人間はいつだって自分の持っているものよりも他人のもっているものを羨み、現状に満足できない。覚えておいてほしいのだが、現状に満足できない人はこの先も満足できないよ。**他人が持っていて自分に足りない物よりも自分が持っている物に集中しよう。自分がいかに恵まれているか気付ける。現状に感謝をしよう。自分がいかに幸せか気付ける。**足るを知る。感謝をする。超大切です。

　今すぐできる幸福感が一瞬で高まるエクササイズも紹介しておくね。「**もし私の人生に○○がなかったら**」と考えてみて。○○の中には家族や友人、趣味や健康等、あなたの大切なものをいれる。これをやると自分がいかに恵まれているか再認識できて幸福感が増すよ。ないものねだりをやめて、今あるものに感謝すれば幸せになれる。

　もう1つ興味深いエクササイズがあって、**自分の悪い過去を振り返って、その過去がもっと悲惨なものになる可能性を考えると幸福感が上がるらしいよ。**「あの交通事故で相手の車を破損して50万円払う羽目《はめ》になったけど、もし相手に大けがを負わせていたら……」みたいな。悪い想像をして幸福感が上がるって面白いよね。ぜひ試してみてね。

75

あなたは
あなたが人生で
直面する
どんな問題よりも強い

おう！　暗い顔すんな！　乗り越えられないことなんてないから心配すんなよ！　**断言しよう！　あなたはあなたが人生で直面するどんな問題よりも強い！**　人生において何が起ころうと不安になる必要も恐れる必要もない！　あなたに乗り越えようという意志があるのなら必ず乗り越えられる！

大丈夫だ！　なんとかなる！　神は乗り越えられない試練は与えないという言葉が本当かどうかは知らんけど、あなたが過去に様々な問題を乗り越えて生き残ってきたのは間違いない！　今回だって楽勝だぜ！

過去に乗り越えてきたどんな問題よりも更にヤバい状況なら喜べ！　成長のときだ！　ここ乗り越えたら今後の人生で永久に使える「あのときのアレに比べたら楽勝だぜ」という最強のカードが手に入って今後の人生がイージーになるぞ！　弱気になっちゃうときほど強気でいけよ！　乗り越えられないと思ってたら乗り越えられるもんも乗り越えられなくなっちまうぞ！　**大切なのは攻めの姿勢だ！**　死ぬ気でやるな！　殺す気でやれ！　弱気など道端に捨ててしまえ！　強気でいくぞオラァ！

76

やりたくないことをやらないって最高

やりたいことがわからないそこのあなた！　朗報《ろうほう》です！　やりたいことがわからなくても人生をどう生きるかの指針は決められます！　やりたいことがわからない人はまずやりたくないことを明確にしましょう！　**やりたいことがわからない人でも、やりたくないことのリストは作れるはずです！**　で、それらをやらずに生きていくにはどうしたらいいかを考えて実行していきましょう！　人付き合いを最小限に抑えたいなら自宅で受注してリモートで働けるプログラマーや映像編集を仕事にするとか、週末は絶対に趣味に時間を使いたいなら週末に出勤可能性のある職はすべて候補先から排除するとか、そんな感じで雑にでも良いのでやっていきましょう！　それだけでもかなり方向性が決まってくるはずです！

やりたいことがわからないってなんかスッキリしないかもしれないけど、**やりたいことをやるのと同じぐらいやりたくないことをやらないのも最高ですよ！**　やりたくないことをやらなくてもいいってのは人生における究極の贅沢《ぜいたく》の1つであり、それは幸せに直結します！　やりたいことにフォーカスして人生設計するのではなく、やりたくないことにフォーカスして人生設計してみるのも大いにアリです！　**やりたいことは焦らずともそのうち見つかるので、まずはやりたくないことの排除からやっていこう！**

77

相手の期待なんて裏切っちゃっていいんです

周囲の期待を裏切ることを恐れないでね。「失望させたくない」という罪悪感を利用して勝手な期待を押し付けてくる連中が世の中にはたくさんいる。期待を裏切ることに慣れないとそういう連中の操《あやつ》り人形として生きることになっちゃうよ。

自分の意志に従って行動すれば誰かを失望させてしまうことだってある。人はそれぞれ己の利益を最大化させるために生きてるから、それは当然のことであって悪いことじゃない。己の利益を一番に考えてあげられるのは自分だけなのだから、あなたがその権利を放棄《ほうき》したら損ばかりする人生になっちゃって自分がかわいそうだよ。

「ガッカリした」とか「残念です」とか言ってあなたに心理的ダメージを与えて行動を操ろうとしてくる人が必ず現れるけど、**「ガッカリした」「残念です」は、「お前が私の思い通りに動いてくれなくてムカつく」の言い換えだからまったく気にする必要ないからね。**「あーそうですかそれは大変でしたね。では、私は自分の人生を生きますのでサヨウナラ」でいい。勝手にあなたに期待して、それを押し付けてくる連中なんてシカトでOKだ。

他人からの期待に応えようとするあなたはとても素敵なんだけど、度が過ぎると周囲の顔色ばかり気にして自分の本当にしたいことができない人生になってしまうので気を付けてね。あなたが周りに惑わされず、望み通りの人生を生きられるよう願ってるね。

78

「なんとかなる」じゃない。「なんとかする」だ

「なんとかなる」じゃなくて「なんとかする」だよ。何の計画もなしになんとかなると思っても所詮《しょせん》は気休めだし、それはただ単に問題を軽視しているだけ。問題を解決したけりゃまずは何が何でもなんとかする覚悟を決めることだ。**「なんとかする」覚悟を決めて計画を立てた後に初めて「なんとかなる」と信じて実行に移すのが理想だ。**

たくさんの人が勘違いしてるんだけど、ポジティブ思考ってのは何の考えもなしに「なんとかなるさー」と考えるようなお気楽な思考じゃないんだよ。最悪の事態を想定した上で、それでも自分ならなんとか打開できると信じて突き進むのがポジティブ思考だ。最悪の事態を想定しない、現実を見つめないで「なんとかなるさー」ってのは単なる思考停止。なんとかすると覚悟を決めた人間に粉砕できない問題などこの世にない。

あなたならきっとなんとかする。なんとかならなかったとしても、それはそれであなたならきっとなんとかする。大丈夫。自分を信じていっちょやってみよう。

79

あなたを傷つける権利のある人間なんて存在しない

あなたを侮辱《ぶじょく》したり傷つけたりする悪意のある言葉は誰が何と言おうと受け取らなくていいからね。覚えておいて。**地球上のどこにもあなたを侮辱《ぶじょく》したり傷つける権利を持っている人間なんて存在しないよ。**もしそんな言葉が届いてもあなたには受け取りを拒否する権利がある。**侮辱は受け入れないで。悪意に誠意で対応しないで。約束ね。**ぜったいぜったい守ってね。なんでここまで念を押すかと言うと、他者からの侮辱や悪意のある言葉を正面から受け取るのって本当に危険で、あなたの人生を狂わせる可能性すらあるからだ。たとえばこんな感じで、

他人から侮辱される↓自己評価が下がる↓どうせこんな自分は何もできっこないと決めつける↓新しいことに挑戦しなくなるので成長もしなくなる↓自分のことがどんどん嫌いになる↓自尊心崩壊↓人生がつまらないと感じる↓不平不満や愚痴ばかり言うようになる↓同じようにネガティブな人が周囲に集まってくる↓人生に希望が見出せなくなる

地獄のループにハマってしまう危険性がある。俺はあなたにこういう悪いループにはまってほしくない。だから侮辱や悪意のある言葉は受け取らないでほしいし、**他人に何を言われても自分は凄《すご》いんだ自分には価値があるんだと信じ続けてほしい。**プロミスね！　破ったらスタバのフラペチーノとスコーンおごってもらうからね！

80

筋トレしろ！
超前向きに
なるから

自分の可能性を信じられるようになる。自分には限界なんてないと思えるようになる。これらは、筋トレがあなたに与えてくれる最大の恩恵の1つだ。

そして、その恩恵を得るのに年齢は関係ない。**様々な研究により、何歳の人でも、たとえ70歳のご老人でも、筋トレをすれば筋肉が成長することがわかっている。**絶対に逆らえないはずの老化現象の主な症状である筋肉減少・筋力減少ですら筋トレによって捻じ曲げることができるのだ。

筋トレは、そこに意志と行動が伴《ともな》う限りは人の成長は死ぬまで止まらないと、人が何かを始めるのに遅過ぎるなんてことはないということを実感させてくれるとてつもないアクティビティである。一度それらを実感してしまえば、あなたは全能感を手にし、「この世は自分の努力次第でどうにでもなる」とか「自分の人生は自分で切り開く」といった、超前向きな思考が自然と身についているであろう。**筋トレ、無敵か。**

余談になるが、筋トレが高齢者の健康寿命を延ばすということは、個人の幸福を最大化すると同時に、医療や介護領域の国家予算を減らして日本の社会問題までをも解決する。**筋トレ、無敵か。**

81

悪いことも良いことも立て続けに起こるもんだ

「おいおい嘘《うそ》だろ……」ってぐらい悪いことって立て続けに起きるもんだ。**でも大丈夫。「おいおいマジかよ……」ってぐらい良いことも立て続けに起きる。**

気休めじゃない。世の中は実際にそうできている。悪いことが立て続けに起きるとき、あなたは失敗が失敗を呼ぶ負のフィードバックループに乗っている。たとえば、大病を患《わずら》えば入院せざるをえなくなり、金もたくさんかかり、それに加えて職を失う可能性まであり、それらが原因で自暴自棄《じぼうじき》になってしまえば周りの大切な人との関係も悪化する。逆に、**成功が成功を呼ぶ正のフィードバックループだって存在する。**たとえば、優秀な同僚が転職したことであなたはキャリア初のプロジェクトリーダーという大役を任される。仲間や部下の助けもありプロジェクトは大成功。あなたは見事にチャンスをものにした。その成功が評判となりあなたはさらに多くのプロジェクトを任されるようになり昇進と年収ＵＰ。社外でも評判は広まりゆくゆくは独立……なんてことも起こり得る。

おわかりだろうか？　悪いことも良いことも連鎖するのだ。だから、**今がどれだけ辛くても今後もずっと不幸だなんて思うな。**くじけなければ不幸を脱するときが必ず来る。前向きに生きていれば些細《ささい》なことがキッカケで一気に人生が上向いたりする。

ところで、ついさっきあなたにそのキッカケが一刻も早く訪れるよう神に祈っておいたので期待して待っていてほしい。俺、神とは一緒にサウナ行ったりする仲だから。

82

愚痴の言いすぎには気をつけてね

愚痴《ぐち》を言うのって楽しいし気持ちが良いよね！　**わかる！**　俺もたまに愚痴っちゃうときある！　愚痴はお手軽にストレス解消できる便利なツールだがらつい使い過ぎちゃうんだよね！

今日は、そんなみんなの味方である愚痴の過剰利用に気を付けましょうというお話をします！

適度なガス抜き程度の愚痴ならいいけど、**愚痴は手軽かつ超強力で依存性の強いストレス解消法なので使い過ぎにはくれぐれも注意してください**。愚痴ばかり言っていると時間は食うし、愚痴ってる間は何の成長もない上に、愚痴ばかりの人は一緒にいると疲れるので孤立してしまうし、周りには愚痴を言うのが好きな連中が集まり（居心地が良いのが厄介《やっかい》）、居心地が良い連中と愚痴を言い合うことによりストレス解消ができてしまうと「この環境から抜け出さねば！」という気持ちも湧いてこず、本来は抜け出すべき劣悪な環境から抜け出せなくなります。で、耐えていると感覚が麻痺《まひ》して抜け出す意欲は完全に消え失せます。結果、ずっとそのままです。

いつも愚痴ってる人ってなかなかその環境から抜け出さないでしょう？　そういうロジックが存在するのです。どうしても愚痴っちゃう人は、愚痴の終わりに**「さて、このクソみたいな現状を変えるためにどうしましょうかね？」**と付け加えてください。それだけで非生産的な愚痴の時間が超生産的な作戦会議の時間に変わります。

83

「ノリ悪い」「空気読め」は無視してOK

「ノリ悪い」とか「空気読め」とか「お前は自分の気持ちなど押し殺して周りに合わせろ」の言い換えなので無視してOKですよ。「誘いを断ってノリが悪いと思われると仲間ハズレにされそうで断れません」とか「周りに合わせて空気を読まないと嫌われてしまうのが怖くてどうしても素の自分を出せません」っていう相談をよく受けるんだけど、**1回や2回誘いを断ったぐらいで仲間ハズレにされるならそんな仲間いらなくない？** 素の自分を出して嫌われるなら合わないってことだから無理して仲良くする必要なくない？ そんなの仲間でもなんでもないし、遅かれ早かれお別れするときがくるので、仕事ならある程度は仕方がないけど、プライベートならそんなグループさっさと抜けましょう。自らの意志に反することを強要させられるグループとかうっとうしくてストレスになるだけ。人生に必要ないよ。

「ノリ悪い」とか「空気読め」とか言われたときは、損得感情とか周りの期待とかすべて忘れて己の心に耳を傾《かたむ》けろ。生きていく上で最も大切なのは周りの意見ではなく「自分はどうしたいのか」という一点だ。周りの意見や空気に惑わされず、自分のやりたいことをやる勇気を、進みたい道に進む気概《きがい》を持とう。ノレないものにノル必要はないし、空気も読まなくていい。他者への敬意だけは忘れず、自由に楽しく生きようぜ。

84

批判された？無視されるより100倍マシじゃん

批判された？　**やったじゃん！　順調な証拠だね！**　批判されるってことは注目されてる証拠だ！　注目さえされていれば結果を出せば世間の評価なんて一瞬でひっくり返るよ！　一番怖いのは注目されてなくて批判すらもない状態だ！　そういう状態に比べたら批判なんてご褒美だぜ！　無視されるよりは批判されたほうが100倍マシなので自信を持ってそのまま突っ走ろう！

そもそもね、外野の批判なんてそこまで気にするべきじゃないんだよ。何か成し遂げたいことがあるあなたを、とある地点に最速で辿り着きたいドライバーにたとえて話をしよう。走っているのは速度無制限の高速道路アウトバーンだ。

そんなとき、**あなたが全神経の99％を集中すべきは前であって横じゃない。**車線変更するときに限りサイドミラーを確認したらいいが、基本的には見るのは前だけでいい。この話の中で〝とある地点〟というのはあなたの目標。〝前〟というのはあなたがやるべきこと。〝横〟〝サイドミラー〟というのが他者からの批判だ。サイドミラーばかり気にしていたら自分の進むべき道からそれてしまう。全速力が出せなくなってしまう。批判を過剰に気にすることがどれだけ無意味で危険なことかわかってもらえたかな？　全速力で走ってりゃ批判なんてそのうち視界から消える。**批判、基本シカトで。**

85

考え方は変えていいんです！

自分の発言に責任を持つことも大切だけど、考え方なんて生きてりゃ必ず変わっていくもんなので過去の自分の発言に縛られすぎるのも良くないよ。日々新しいことを学び、新しいことに触れていれば思考や発言が変わるのも当然。iPhone《アイフォーン》だってアップデートしまくるじゃん？あなたもアップデートしていいんだよ。むしろ、ずっとアップデートされないほうがよっぽど大きな問題です。

だからね、考え方が変わったときは「**ごめんなさい！　その当時は本気でそう思ってたんです！**」と自分の考え方が変わったことを素直に認めて、謝罪して、今ベストだと思う思考や発言にシフトすることもまた大切だってことを覚えておいてね。

日本では初志貫徹《しょしかんてつ》こそ美徳とされるから違和感があるかもしれないけど、そう気にせず「**違うな**」**と思ったら柔軟に思考や発言は変えていきましょう**。短い人生だ。過去の自分の思考や発言に縛られてたらもったいない。今を生きよう。

86

なんだってできる！
なんにだってなれる！

あなたはなんだってできる！　なんにだってなれる！　あなたの可能性は無限大だ！　こんなことを言うと「おいおい綺麗事《きれいごと》はよしてくれ」と思うかもしれないが、俺は本気で言っている！

ハッキリ言って、みんな自分を見くびり過ぎだ。目標を定めて、それに見合う努力を継続できるのであれば大抵のことはなんだって実現可能だ。時間もかかるし、つらいときもあるだろうが、やってやれないことはない。**あなたなら絶対できる。**周りを見渡せば俺の言っていることが事実だという生きた証明がゴロゴロいるはずだ。何もないところから勝ち上がった人間は世の中に腐《くさ》るほどいる。スタートは平等じゃないにしろ、誰にでもチャンスはあるわけだ。そいつらも同じ人間なんだぜ。そうだろ？

だからさ、「あの人は特別だから」とか「あの人は運が良かっただけ」と悲観するんじゃなくて、**「あの人にできたなら自分にもできる！」「運は実力で掴《つか》み取ってやる！」**ぐらい前向きな気持ちでいこうぜ！　自分で自分の限界を定めない限りあなたの可能性は無限大なんだ！　自分の可能性を自分で否定すんな！　何度だって言おう！　**あなたは覚悟さえ決めればなんだってできる！　なんにだってなれる！**

87

叱られるってことは期待されてるってことだ

叱《しか》られた？　**おめでとう！　やったじゃないか！**　上司にせよ取引先にせよ客にせよ、叱られるってことはそれだけあなたが期待されてる証拠だ！　あなたに改善してもらって今後もお付き合いを続けていきたいという意志があるからわざわざ貴重な時間を使って叱ってくれてる！　**どうでもいい他人を人は叱らないよ！**　叱るのって超めんどくさいからね！　叱るよりも見捨てるほうがはるかにラクだから、ほとんどの人は叱るというステップを踏まずに笑顔であなたの元を去っていく。知らないうちにあきらめられていて、知らないうちに見捨てられてる。反省の機会すらも与えてもらえないのが普通なんだ。

だからね、**叱られてるってことはチャンスなんだよ。**ここで良い対応をすればその人のハートをガッツリ掴《つか》めること間違いなしだ。叱られても悲観的になるんじゃなくて、それだけ期待されてる愛されてるって思えばいいよ。相手がただ不機嫌なときやパワハラとかクレーマーとかは別ね。

88

心の平穏は「期待」をやめると手に入ります

他人に期待するのをやめるとメンタルが安定します。他人はあなたのためには動きません。人間は誰しも己のために動きます。よって、他人に期待しているといつか期待を裏切られることは目に見えています。**他人への過度な期待をやめて、自分のことは自分で解決すると決めるとメンタルが超安定します。**お勧めです。

たまに怒らない人っているじゃないですか？　そういう人って優しいから怒らないのではなく、他人に期待してないから怒らないのです。期待してないから失望することもなく怒りも発生しません。彼、彼女らはすべての失望が期待から生まれることを知ってるし、他人は絶対にコントロールできないので期待がすべて叶えられるなんてないことも知っています。だからハナから期待しないのです。

もう少し具体的な話をしましょう。他人のせいでイライラしてしまうとき、あなたがイライラしてしまう原因は他人ではなくあなたの中にあります。あなたの頭の中にある「他人はこう振る舞うべき」という期待が裏切られるからイライラが発生するのであって、最初から期待なんてしなければイライラは発生しません。**期待をなくせばイライラは消えるのです。**最後に他人にイラっとさせられたときを思い返してみてください。恐らくこのパターンが当てはまるはずです。過剰にイライラしてしまうときは期待スイッチを切ってみましょう。期待スイッチ、オフ！

89

失敗という言葉を辞書から消せ！

はい！　タイトル通りです！　失敗という言葉をあなたの辞書から消してください！　**失敗なんてもんは存在しません！**　希望の大学に行けなかったのも、バンドで成功できなかったのも、資格に受からなかったのも、思い通りにいかなかったありとあらゆることは失敗ではなく経験です！　希望の大学に行けないことがわかったのです！　バンドで成功するのは甘くないことがわかったのです！　資格を取れないことがわかったのです！　人生は思い通りにいかないことがわかったのです！　これらは実際にやってみないとわからない超貴重な情報です！　**あなたには、そういった世間が〝失敗〟とよぶ経験を通してとてつもない経験値が溜まっています！**　知識が溜まっています！　たくさんの経験をしたからこそあなたは自分には何ができて何ができないのか、何が向いていて何が向いていないのかといったことを学んでより良い方向へ進んでいけるのです！

生き続ける限り失敗なんてもんは存在しないのです！　右クリックしてＤｅｌｅｔｅ（消去）してしまいましょう！

90

筋トレしろー！
いつの間にか健康になっていくから

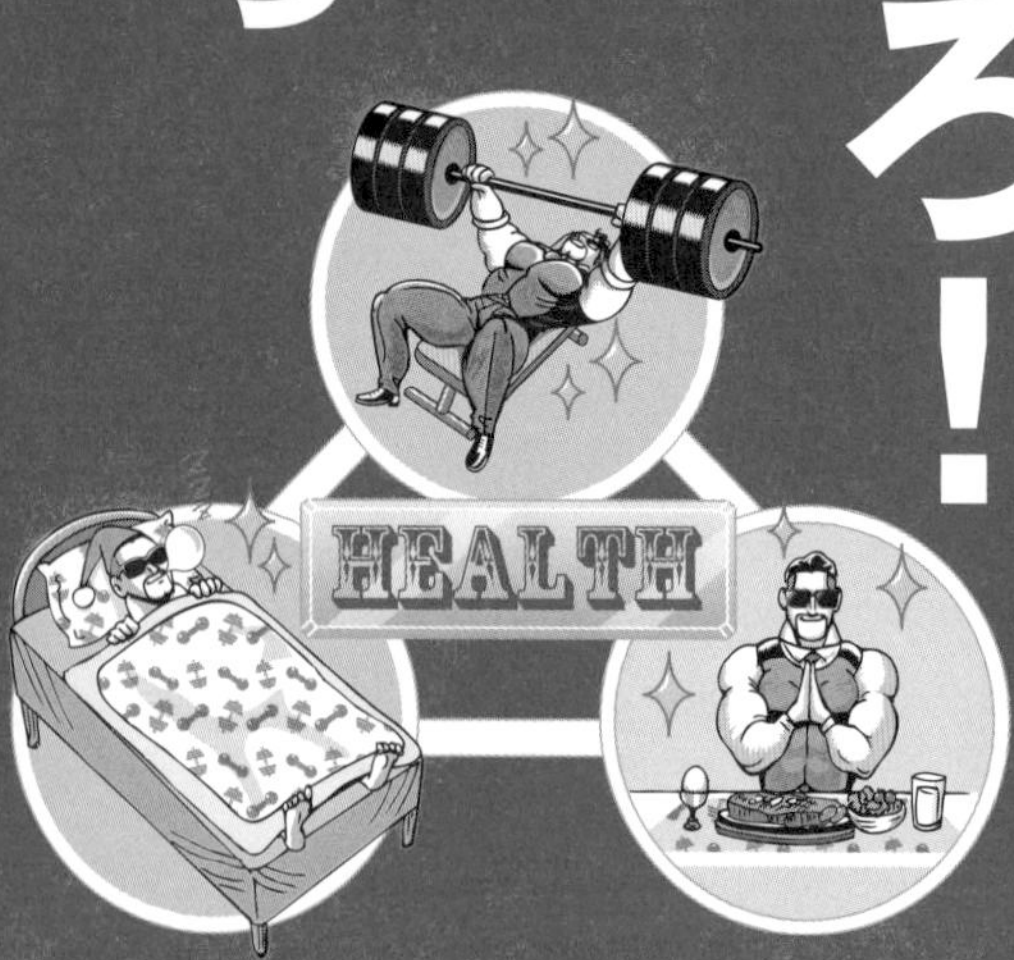

筋トレにハマると筋肉最優先の生活を送るようになる。筋トレの効果を最大化させるべく、自ら望んで筋肉の成長に欠かせない筋トレ×睡眠×食事管理を徹底するようになるのだ。そして、**筋肉に良い生活とはそれ即《すなわ》ち人間にとって良い生活である。**

適度な運動（筋トレにハマるとちょっと過度になってしまうがやらないよりはマシだ笑）×睡眠×健康的な食生活は、人間が己の能力を最大化し、健康を保ち、幸せに生きるための絶対原則である。筋肉を優先した結果、気が付いたら自分にとって最高の生活習慣が身についてしまうのだ。

筋トレをすることは生きる基本を身につけることに等しい。俺が筋トレをお勧めする最大の理由である。俺がアホみたいにいつも筋トレしろ筋トレしろ言っているのには、そういう理由があるのだ。どうだ。深いだろう？（ドヤ顔）

悪いことは言わない。

筋トレしろ！

91

あなたはよくやった！
自分を責めるな

自責の念に駆《か》られているそこのあなた！　今すぐストップして！　**それ以上は自分を責めないであげて！**　世の中にはどうしようもないこともあるから！　やれるだけのことをやったのに上手くいかなかったのなら仕方がない！　**あなたは悪くない！　自分を責めたらダメだ！**むしろ全力を尽くした自分を褒めて誇りに思ってやれ！

最善を尽くした人間に悲しい顔は似合わないよ！　最善を尽くしたあなたを俺は心から誇りに思うよ！　最善を尽くさなかった自分を責めてる人もいると思うんだけど、あなたも今すぐ自責をやめて！　たしかにあなたが悪かったかもしれないけど、人間だもの！　**そういうときだってある！　頑張れないときだってある！**　いつまでも自分を責めていたらつらいよ！　病んじゃうよ！　自分に厳しくあることも大切だけど、自分に甘くあることも同じぐらい大切だからね！　「自分はダメな奴だ」「なんでお前はいつもそうなんだ」と自責ばっかりしてると自尊心が壊れちゃうからね！

何があっても自分に優しくしてやれるのは自分しかいないんだよ！　自分だけは自分の味方でいてやりな！　自責はほどほどにすること！　約束な！

92

真剣にダラダラしようぜ

みなさん！　真剣にダラダラしてますか！　週末に友達と遊んだり家族と時間を過ごすのも最高の時間の使い方なんですけど、**人間ときには何の予定も入れずに本気でダラダラすることも大切ですよ！**　そこで、ダラダラデイを作ることを強くお勧めします！　日曜日とかに、予定を絶対に入れないという予定を作るのです！　**何にも縛られずノンビリ過ごすにはそれぐらい本気を出さないといけません！**　真剣にダラダラ過ごすとはそういうことです！　改めて聞きます！　みなさん、最近真剣にダラダラしてますか？

元気がないとき、不安なときほどダラダラデイを試してほしいんですけど、元気がないとき、不安なときは事前の徹底したスケジュール管理によりダラダラデイを設け、当日は起床《きしょう》後に朝陽を20分ほど浴びて、好きな音楽を聴きながら運動して、美味しいご飯を食べて、映画でも観て泣いて、読書で知的好奇心を満たして、行きたかったカフェにフラッと入って普段なら我慢しちゃうパンケーキでも食べて、満足してお家に帰ったらお笑いやバラエティ番組で笑って、目覚ましをセットせずに寝てください。一気に回復します。

人との予定を一切いれないのがポイントです。予定が絶対に狂いません。その日は生産性とか気にせず、ただただ自分の欲求に従って思うがままに時間を過ごしてください。みなさんが素晴らしいダラダラデイを過ごせることを心より願っております。

93

嫉妬は自分を学ぶいい機会だ！

嫉妬《しっと》してしまう自分が嫌だという人は多いが、**あなたが社会の中で生きているホモサピエンスなら嫉妬して当然だ。**俺だって嫉妬する。ぜんぜん気にする必要ない。

そして、嫉妬はチャンスだということも覚えておいてほしい。嫉妬してしまったら「私はあの人の何に嫉妬しているんだろう？」と自分に問いかけるだけで、嫉妬をキッカケにして自分が本当に欲してるものに気付くことができる。

どうでもいいことやものに人は嫉妬しない。**嫉妬するということは自分もそれがほしい、そうなりたいと思っている証拠だ。**嫉妬は自分の進むべき道を教えてくれる道しるべなのだ。

次回、嫉妬する機会があれば感情的になり過ぎず、是非とも冷静にその嫉妬の要因を分析してみてほしい。自分を勉強するとてもよい機会になるだろう。

最後にもう一言。他人に嫉妬するのはぜんぜん問題ないんだけど、他人に嫉妬ばかりしていると自分の境遇を不幸に感じたり、自分の持っているものが無価値に思えてしまったりするので気を付けてね。嫉妬するのはいい。**でも、自分だってそこそこ幸せだし恵まれているということを忘れないでね。**他人を羨《うらや》む前に自分の人生や大切な人たちへの感謝も忘れないでね。健全に嫉妬していきましょう。

94

苦しいことが
あるから
楽しいことが楽しく
感じられるんだぜ

今が苦しい？　**おめでとう！**　その苦しみのあとには極上の快楽が待っているだろう！　**月曜日から金曜日があるから週末が輝く。**毎日が休みだったら週末なんてなんの意味もないし退屈でつまらないだけだ。蚊に刺されるとメッチャかゆくて不快だけど、かゆいところを掻いたときのあの快感は蚊に刺されないと味わえない。サウナのあとの水風呂とかもそうだ。苦しいことがあるからそのあとに待っているご褒美があなたに幸せを与えてくれる。苦しいことから逃げる＝幸せから逃げると言い換えてもいい。苦しいことにも感謝して生きようぜ。

例外もあります。世の中には良い苦労と悪い苦労があって、悪い苦労は全力で拒否しなければいけません。ブラック企業で馬車馬のように働かされるとか、上司のパワハラとか、いじめとか、そういう理不尽かつ自分の成長に繋がらないような苦しみからは速攻で逃げましょう。

語学や資格の勉強とか、大変だけどやりがいのあるプロジェクトとか、ダイエットや運動等の自分にとってプラスになる苦しいことのみ歓迎しましょう。悪い苦労はあなたを地獄に叩き落とし、良い苦労はあなたを天国に連れて行ってくれます。**天国に行きましょう！**　ウェイ！

95

悪いのはあなたじゃない

あなたが「生きづらい世の中だな」と感じているなら、どうか自分に原因があるだなんて思わないでほしい。**おかしいのはあなたではなく、世の中のほうかもしれないのだ。**様々な研究がされているが、調査対象者の7割以上が「この世の中は生きづらい」と感じていると結論したデータもある。生きづらいと感じている人がマジョリティーなのだ。**現代において生きづらいという感覚は決して異常なものではない。**どうかそれを忘れないで。

とは言え、この世には自己責任論者がたくさんいるので、ありとあらゆることをあなたのせいにしようとしてくるだろう。特にその傾向が強いのが貧困問題だ。自己責任論者は、貧困を自己責任の一言で片付けようとするが、貧困を自己責任の一言で片付けるのは想像力が足りないと言わざるを得ない。すべて自分の努力で勝ち取ってきた自負がある人も、それがどれほどの幸運が積み重なって成り立っているものなのか考える必要がある。家庭環境、良き友人、良い教育、そもそも良い教育が大切という認識が持てたこと、努力できる環境等々、すべてが運だ。

逆に、**今うまくいっていない人は、それが自分の責任ではなく不運の積み重ねによるものかもしれないと覚えておいてほしい。**もちろん、それを認識した上で改善していかないといけないんだけど、すべてを自己責任や努力不足と捉えていると、自尊心が下がるし心が病んでしまうからね。どうか、自分を責めすぎないでくれ。

96

人生を変えたい。
そう思っているなら
あなたは大丈夫だ

人生を変えたいと思っている人、安心して。変えたいという思いがあるなら必ず変われるよ。前向きでガッツのある人しか人生を変えたいだなんて思えない。**あなたは第一関門をクリアしている。自信を持とう。**そして、変わるのも変わらないのも、すべては己《おのれ》次第だと心に刻んでおこう。明るい未来はあなたの手の中にある。必要なのは掴《つか》み取る勇気とそれに伴《ともな》う行動だけ。で、**これは超重要な点なんだけど、人間は思いだけでは変われない。**行動が人生を変える。ということで、手っ取り早く変われる行動をいくつかあげておくね。

習慣を変える：あなたの人生は習慣の積み重ねでできている。習慣を変えれば人生が変わる。夜更かしをやめて早寝するとか、晩酌をやめてジムに行くとかから始めてみよう。

仕事を変える：日中に使う時間のほとんどを仕事が占めている。仕事を変えれば人生は劇的に変わる。今すぐには無理かもしれないけど、興味のある分野や憧れの職種への転職の可能性を探ることから始めてみよう。

引っ越す：あなたの生活は生活圏を変えれば嫌でも変わる。生活が変われば人生も変わって当然。超シンプル。引っ越しましょう。

交友関係を変える：交友関係があなたの人格や人生に与える影響はとても大きい。悪い人間関係を切り、尊敬できる人たちと友好関係を築こう。

以上！　人生変えちゃいましょう!!

97

挫折している
そこのあなた！
今こそ
新しい扉を
開くチャンスだ

挫折《ざせつ》しているあなた！　卑屈《ひくつ》になるな！　挫折して1つの扉が閉まった。だがそれがなんだ？　**1つの扉が閉まるとき、それはもう1つの扉が開くときでもある。**目の前の扉が開かなかったからこそ新たに開ける扉もあるのだ。挫折には常にチャンスが潜んでいる。

1つ面白い話をしよう。今では100兆円を優に超える価値を持つグーグルも、1つの扉が開かなかったからこそ存在しているとあなたはご存じだろうか？　1997年、グーグルには買収話が持ち上がっていた。スタンフォード大学の院生で決して裕福とは言えない生活を送っていた創業者たちは、会社を160万ドルで売却しようとしていたのだ。

いろいろあってその話はなくなったのだが、売却という扉が閉じたことにより彼らは自社のプロダクトに全集中することができた。その結果、グーグルがどうなったかはみなさんご存じのとおりである。**人生には、オプションAが消えたから仕方なくオプションBに集中した結果、それが実は最高の選択であったということが多々ある。**

何がプラスに働いて、何がマイナスに働くかなんて、現段階ではわかったもんじゃないのだ。俺の好きなラッパーの一人である三浦さん（下QRコード）がよく言っているように、「答え合わせはまだ先」なのだ。ということで、一度や二度の挫折なんて気にするな。大丈夫。あなたはまだまだこれからだ。

98

強がり上等！フリをしてればそのうちできるようになる！

強がるのも本当に強いのも外から見たら一緒だ！　そして、最初から強い奴なんていない！　**最初はみんな無理して強がるしかないのだ！　堂々と強がりたまえ！**　ずっと強がっていればそのうちそれが本物になる！　アメリカに「fake it until you make it（できるまではできるフリをしてろ）」という言葉があるように、フリが本物になるまではできるフリをしていればいいのだ！　自信のない人は「もっと上手になってから……」とか「もう少し経験を積んでから……」と弱気になってしまいがちだが、自分の目指すステージに自分が既に到達しているかの如《ごと》く振る舞わなければあなたは一生かかってもそこに到達できない。

話をわかりやすくするためにプロとアマチュアの話をしよう。おかしな話だが、プロになりたいアマチュアは、プロが持つ以上のプロ意識を持つ必要がある。なぜなら、現時点で自分よりレベルの高い現役プロが持つプロ意識を超えるプロ意識を持たないと、現役プロとアマチュアの差は縮まらないどころか開く一方だからだ。**プロ意識はプロになってから持つものではなく、今すぐ持つべきなのだ。**

このロジックは個人の成長にも当てはまる。**ということで、今すぐに自信と誇りを持て。**自分の理想とするレベルに自分が既に到達しているかの如《ごと》く振る舞え。結果はあとからついてくる。とりあえず強がれ。

99

自分を好きになるのに条件をつけるな！

自分を好きになるのに条件をつけるな！　「身長がもう5㎝高ければ」とか「もっと小顔だったなら」とか、考え出したらキリがないぞ！　欠点なんて探せば無限に見つかるもんだ！　俺は自分のことが好きだけど、改善したい点を考え出したらそれこそ無限に出てきて最悪の気分になるぞ！（笑）　**無条件で自分を認めて好きになること、それが自分を好きになる唯一の方法だ！　この世界で何があろうと絶対に自分を好きでいてやれるのは自分だけだ！**　自分を好きでいることは、自分自身に対する義務と言ってもいい！　「発育が他の子より遅いから好きになれない」とか「顔が好きになれない」とか言って、自分たちの子どもを好きになることを放棄して愛情を注いでいない親を見たら「なんて酷《ひど》い！」「かわいそうに！」って思うでしょ？　自分で自分を嫌うってのはそれと同じぐらい酷いことを自分に対してしてるんだよ！　**自分を好きになるのに理由なんていらない！**　ゴチャゴチャ言ってねーで今すぐ自分を認めて好きになりやがれ！

　だがしかし！　自分を好きになるのは大切だと思うので強めに言っちゃったけど、どうしても自分を好きになれない人もいると思う。**それはそれで問題ないので焦らないでほしい。それも立派な個性だ。**まあ、常に自己嫌悪ってのも辛いと思うので、せめて「自分のことは嫌いだけど、自分のここだけは好き」って感じで、部分的に自分を好きになる感覚ぐらいは持っておくといいんじゃないかな。

100

筋トレ……しないの？しないの？

これまでさんざん筋トレをおススメしてきたわけだが、「どうして筋トレしたほうがいいの？」には、ストレス解消、体力向上、睡眠の質向上、自尊心の形成、筋肉は超カッコいいから、闘争心の維持、趣味として、アンチエイジング、太りにくい体づくり、筋肉ちゃんは愛すべき存在だから、セクシーな体を手にするため、心身の健康維持、美容、強いほうが世の中生きやすいから、モテるから、楽しいから、成功体験を得るため、そこに筋肉があるから等、無限の回答があるので逆に問いたい。

「あなたはどうして筋トレをしないのか？」と。

Testosterone
(テストステロン)

1988年生まれ。学生時代は110キロに達する肥満児だったが、米国留学中に筋トレと出逢い、40キロ近いダイエットに成功する。日本の「筋トレ不足」を憂い、筋トレと正しい栄養学の知識を日本に普及させることをライフワークとしている。
『筋トレが最強のソリューションである』(U-CAN)、『超 筋トレが最強のソリューションである』『心を壊さない生き方』(文響社)、『ストレスゼロの生き方』『ストレス革命』(きずな出版)など著書多数。

読むだけで元気が出る100の言葉

2021年 5 月 1 日　第 1 刷発行
2024年 7 月10日　第 3 刷発行

著者　Testosterone
発行者　櫻井秀勲
発行所　きずな出版
東京都新宿区白銀町1-13　〒162-0816
電話03-3260-0391　振替00160-2-6333551
https://www.kizuna-pub.jp/
印刷　モリモト印刷

ISBN978-4-86663-139-4